Das Thonon Diätwunder:

Thonon Diät Kochbuch mit 150 leckeren Rezepten mit Nährwertangaben für ein gesundes Abnehmen und schlank werden. Inkl. Ernährungsratgeber und 28 Tage Ernährungsplan

PE-BOOKS

ISBN:9798691447891

Vera Lichtenstein

Inhaltsverzeichnis

THONON -DIÄT- EINE NEUE FORM DER ERNÄHRUNG

Möchten Sie wissen, wie die Thonon Diät funktioniert und welche Erfolge sie wirklich bieten kann? Dann bleiben Sie dran und lesen Sie dieses Buch bis zum Schluss. Sie bekommen sofort die Möglichkeit mit der Thonon-Diät zu beginnen. In Deutschland ist diese Diätform noch nicht bekannt, wird jedoch immer mehr in den Fokus gerückt. Glaubt man den Stimmen, die aktuell um diese Diät laut werden, soll sie wahre Wunder bewirken. Es gibt Gerüchte, dass bis zu 10 Kilogramm Gewichtsabnahme innerhalb von 14 Tagen möglich sein sollen.

Ursprünglich stammt die Diät aus Frankreich und wurde dort von einem Arzt entwickelt. Die Namensgebung lässt auf den Kurort Thonon-les-Bains schließen. Es soll in dem nachfolgenden Kapitel nun um die Thonon-Diät im Einzelnen gehen. Dabei beschäftigen wir uns erst einmal mit der eigentlichen Definition.

Die Thonon-Diät basiert auf zwei Phasen, zu denen ich später noch einmal komme. Die Diätdauer liegt bei 14 Tagen, wodurch sie als besondere Schnelldiät einzustufen ist. Nach den ersten beiden Phasen wird bei dieser Form der Diät die Stabilisierungsphase empfohlen. Keine Angst, ich erkläre Ihnen noch mehr zu den einzelnen Phasen.

Das Geheimnis dieser Diät ist, dass es sich um eine Art der Low Carb Ernährungsform handelt, bei der jedoch stark auf ein Kaloriendefizit geachtet wird. Das heißt für Sie, nicht mehr als 800 Kalorien am Tag. Im gleichen Zuge müssen Sie auf sehr viele Proteine achten, die Ihrer Nahrung beizufügen sind. Beim Lesen dieser Zeilen merken Sie vermutlich schon, dass diese Diät sehr stark an die ketogene Ernährungsform angelehnt ist.

Zusammengefasst können Sie sich merken, dass die Thonon-Diät eine kalorienarme, proteinreiche und Low Carb angenäherte Diät ist.

Erfolgsaussichten, Risiken, Gefahren und Erfolge der Diät

Als Blitzdiät wird die Thonon-Ernährungsvariante in vielen Fachzeitungen beschrieben. Die Erfolgsaussichten interessieren Sie natürlich besonders, weshalb ich intensiver auf dieses Thema eingehen will. Die Fakten um die Thonon-Diät sind schnell zusammengefasst.

- 600 bis 800 Kalorien am Tag
- Verteilt auf 3 Mahlzeiten
- Proteinreiche Ernährung

Dieser harte Ernährungsplan soll dabei helfen die Kilos schneller sinken zu lassen. Versprochen wird meist eine Abnahme von 10 Kilogramm in 14 Tagen. Eine erstaunliche Leistung, wenn man sich die vielen anderen Diäten ansieht. Angeschnitten habe ich die Diät und ihren Zusammenhang bereits, nun möchte ich jedoch auf die Risiken und die bestehenden Erfolgschancen eingehen. Eine Diät bedeutet meist einen Verzicht über sich ergehen lassen zu müssen. Bei der Thonon Ernährung ist das nicht viel anders.

Eine klassische Diät, die einen Verzicht auf bestimmte Nahrungsmittel vorsieht, birgt unterschiedliche Risiken. Zum einen kann ein Nährstoffmangel entstehen, wenn nicht ausreichend Nahrungsmittel aufgenommen werden. Zum anderen kann der Körper in einen Notzustand geraten und den gegenteiligen Effekt ausrufen. Für Sie würde das bedeuten, dass Sie zunehmen.

Einen besonderen Kritikpunkt besitzen Crash-Diäten, die vor allem auf dem Verzichten von Kalorien bezogen sind. Die Thonon-Diät gehört mit zu diesem Konzept und wird deswegen immer wieder zum Mittelpunkt der Kritiker. Ich möchte Ihnen die Gefahren oder Risiken realistisch aufzeigen, damit Sie wissen was auf Sie zukommen kann.

Durch die geringe Kalorienaufnahme ist ein schneller Erfolg garantiert. Der Körper beginnt bei einer Aufnahme von weniger als 1000 Kalorien seine eigenen Reserven anzugreifen, um die Energieversorgung im Körper zu erhalten. Dazu wird zuerst der Kohlenhydratspeicher (Glycogenspeicher) verbraucht. Ist Dieser vollkommen aufgebraucht, wird der Organismus auf den Fettspeicher und dann den Proteinspeicher umgreifen.

Durch diesen Verbrauch wird der Körper entsprechend schnell Gewicht und Umfang verlieren. Das hört sich nach einem großen Erfolg an, der durchaus anzumerken ist. Gerade wer stark übergewichtig ist, kann mit dieser Diätform schnelle Erfolge erzielen. Vorteile bringen jedoch auch Nachteile, die ich nicht verschönern möchte. Bei einer Crash-Diät gerät der Körper in einen Stresszustand, der sich auf die Psyche umschlagen kann.

Wie kann eine Diät Stress verursachen? Es lassen sich mehrere Antworten benennen. Grundlegend bedeutete Stress, dass der Körper in eine Situation kommt, die er so schnell nicht mehr bewältigen kann. Das kann ein Problem im Privatleben sein oder eben die Diät mit wenigen Kalorien. Um diese Phase genauer zu verstehen, müssen Sie sich bewusst machen, was in Ihrem Körper passiert, wenn Sie Hunger haben.

Bei einer „Hungerphase" beginnt der Körper abzunehmen, das ist meist bekannt. Doch was die wenigsten wissen ist, dass der Körper nicht nur vom Umfang abnimmt, sondern auch die Organe beginnen Gewicht zu verlieren. Wie kann das sein? Organe werden durch Fettgewebe umlagert, welches sie schützt und teilweise unsinnig dort angelagert wird. Das passiert, wenn der Mensch zu viele Kalorien, Fette und ungesunde Lebensmittel aufnimmt. Ein Organ bleibt jedoch immer gleich schwer und das ist unser Gehirn. Wie kommt das? Unser Gehirn hat einen eigenen Schutzmechanismus, der ihm hilft, Energie aus dem Körper zu absorbieren. Ein Aspekt der Evolution, der viele Vorteile hat. Das Gehirn kann also auch bei Energiemangel schnell hochfahren und leistungsbereit sein.

Dieser interne „Angriff" erfolgt nicht nur bei Gefahrensituationen, sondern immer dann, wenn Stress ein Thema wird. Beispielsweise wenn der Körper Hunger hat und nicht ausreichen Nahrung bekommt. Ich möchte Ihnen nun die Thonon-Diät nicht schlecht reden, sondern Ihnen lediglich die Gefahr eines erhöhten Stressaufkommens vorstellen.

Ihr Körper kann auf diesen Stress gesondert reagieren und wird eventuell Schwäche und Müdigkeit zeigen. Auch schlechte Laune kann durchaus den Alltag erschweren. Zu den Risiken gehören also Schwäche, Stressempfinden, schlechte Laune und teilweise auch Verdauungsprobleme.

Risiken der Diät im Allgemeinen:

- Hormonveränderung
- Nährstoffmangel
- Muskulaturabbau
- Verdauungsprobleme
- Schlechte Laune/ seelische Verschlechterung

Gegenüber dieser Erkenntnisse stehen die Erfolgsaussichten, welche eine klare Sprache sprechen. Die Diät funktioniert und ist zudem ein echter Gewinn. Wer an einem starken Übergewicht leidet oder schnell ein paar Kilogramm verlieren will, kann sich an die französische Diät halten.

Erfolgschancen einer Thonon-Reduktionsdiät:

- Schnelle Erfolge
- Großer Gewichtsverlust in kurzer Zeit
- Stabilisierungsphase mit inbegriffen

JoJo -Effekt Adé: Thonon-Diät verspricht keinen Rückschlag

Der bekannte JoJo-Effekt ist den meisten Frauen und Männern bekannt. Ist es nicht immer das Gleiche, endlich hat man das Traumgewicht erreicht und schon beginnt der bekannte Jo-Jo-Effekt. Die Definition ist einfach: Der JoJo-Effekt ist die schnelle Gewichtszunahme nach einer Reduktionsdiät.

Wiederholen Sie die Diäten, kann sich dieser Effekt immer wieder einstellen. Wie kann es zu einem solchen Effekt kommen? Bei einer Reduktionsdiät wird der Körper in einen Ausnahmezustand begleitet, in dem der Organismus zu den eigenen Fettreserven und Energiereserven greifen muss. Dauert die Diät über einen längeren Zeitraum, kann es durchaus zu einem Angreifen der Eiweißdepots kommen, die sich in den Muskeln befinden. Für Sie und ihren Körper bedeutet das, der Muskel beginnt sich abzubauen. Weniger Muskeln brauchen weniger Energie und Ihr Grundumsatz sinkt.

Haben Sie Ihr Wunschgewicht erreicht, kehren die meisten Mitmenschen zu den normalen Essgewohnheiten zurück. Der Körper beginnt die aufgenommenen Energien wieder als Fettreserven anzusammeln und es entsteht der bekannte JoJo-Effekt.

Durch das Anwenden der Thonon-Diät soll dieser Effekt ausbleiben. Zu erklären ist das einfach, die Diätform sieht zwei

Phasen vor, wobei eine Stabilisierungsphase dabei ist. Diese spezielle Diät-Phase soll es ermöglichen den Körper in eine normale Kalorienbilanz zu bringen, die dann wiederum das Gewicht beibehält.

WIE LÄUFT DIE THONON -DIÄT AB?

Wie läuft die Thonon-Diät ab und welche Grundfeiler sind mit ihr verankert? Ich möchte Ihnen in diesem Kapitel erklären wie die Diät funktioniert, was Sie essen dürfen und was von der Liste der Lebensmittel zu streichen ist.

Die Diät erklären- Was fange ich mit der Thonon-Diät an?

Wie funktioniert die Thronen-Diät und welches Geheimnis verbirgt sich dahinter? Die Diät ist im Grunde eine einfache Reduktionsdiät, die jedoch durch ihren schnellen Gewichtsverlust als Crash-Diät beschrieben wird. Die Laufzeit der Diät beträgt 14 Tage, wodurch sie optimal in den Alltag einzubinden ist. Wie schnell und wie viel Gewicht Sie verlieren, ist abhängig vom Stoffwechsel. Es gibt also keine 100 % Garantie, dass Sie 10 Kilogramm in 14 Tagen abnehmen. Die Eckpfeiler der Thonon -Diät liegt angenähert an der Low Carb Ernährungsform, die es bereits seit vielen Jahren gibt. Ein kleiner Rückblick: Was ist die Low Carb Diät? Sie stellt eine Ernährungsform mit kohlenhydratarmen Nahrungsmittel dar.

Die Thonon-Diät sieht diese Maßnahmen einer proteinreichen Ernährungsweise mit vor, beschränkt sich jedoch auf eine sehr kleine Kalorienzufuhr. Fette sind in der Ernährungsform wenige enthalten. Damit ähnelt die Diätform der ketogenen Ernährung sehr umfassend.

Die Diätform ist also recht einfach zusammengefasst und wird am Ende auf zwei Phasen bezogen, die das Abnehmen und die Stabilisierung beinhalten. Zusammenfassend können Sie sich merken, dass die Reduktionsdiät eine Kalorienzufuhr von maximal 800 Kalorien am Tag vorsieht. Kohlenhydrate und Fette sind größtenteils unerwünscht, wo hingegen Proteine den Essensplan bevölkern. Sport wird ein Thema sein und natürlich auch die kurze Abnehmphase von 14 Tagen.

Was darf gegessen werden: Fettarm, kohlenhydratarm und proteinreich

Bei der Thonon-Diät sind nur einige bestimmte Lebensmittel erlaubt. Achten Sie unbedingt bei der Aufnahme der Nahrungsmittel auf die Kalorienzufuhrt.

Verzehren dürfen Sie Obst und Gemüse, hier kann man keine Einschränkungen finden. Hülsenfrüchte und Walnüsse sind ebenfalls empfohlen und auch mageres Fleisch darf auf Ihrem Ernährungsplan stehen. Unter magerem Fleisch verstehen Experten Hühnchen, Pute und auch Rindfleisch. Wie sieht es aber mit Fisch aus? Auch dieser darf mit in den Speiseplan eingefügt werden. Nun wird es etwas spezieller, denn auf der Liste Ihrer Lebensmittel dürfen Magerquark, Hüttenkäse, Eier und Tofu stehen. Auch die Avocado kann mit in die Gerichte eingeplant werden. Warum sind diese Lebensmittel nun mit in den Alltag einzubinden? Weil die meisten Nahrungsmittel mit reichlich Proteinen versehen sind. Chiasamen und andere natürliche Samen sind ebenfalls erlaubt. Auch Naturjoghurt oder Pflanzenmilch können Sie mit auf die Ernährungsliste setzen.

Bei den Getränken sind Kaffee, Kräutertee und Wasser auf dem Plan. Was viele nicht wissen ist, dass Ingwertee ebenfalls mit auf der Einkaufsliste stehen darf. Natürlich sind diese Produkte alle ohne Zucker zu verzehren.

Nicht verzehren sollten Sie kohlenhydratreiche Lebensmittel. Dazu gehören Produkte wie Weizen-Nudeln, Brot und Reis. Alternativ lassen sich hier Low Carb Alternativen finden. Zuckerhaltige Nahrungsmittel sollten natürlich nicht mit eingeplant sein.

Wichtig: Achten Sie auf proteinreiche Ernährung, fettarm und natürlich kohlenhydratarm.

DIE PHASEN DER THONON-DIÄT

Die Thonon-Diät besteht aus zwei Phasen, die in eine Abnehmphase und eine Stabilisierungszeit eingeteilt sind. Ich möchte Ihnen die zwei Phasen näherbringen und Ihnen einige Tipps mit auf den Weg geben.

Phase 1-die Abnehmphase

Bei dieser ersten Phase beginnt Ihre Reise mit der Diätform. Sie beginnen sich bewusst zu entscheiden, dass jetzt Schluss mit den überschüssigen Fetten und Kalorien sein soll.

Kalorien, das ist auch eines der passenden Stichwörter für diese erste Phase. Dabei zu beachten gilt es die Kalorien im Auge zu behalten. In dieser Anfangsphase sind maximal 800 Kalorien aufzunehmen. Da sich die Thonon-Diät daran orientiert kalorienarm und dafür eiweißreich zu essen, können Sie sich auf Fisch, Fleisch und Tofu beschränken.

Nicht zu vergessen sind Fette, die gesund für den Körper sind. Die Avocado oder das Leinöl sind gute Vertreter.

Wie kann nun ein Tag ernährungstechnisch aussehen, damit man die Kalorienbilanz von 600 bis 800 Kalorien einhalten kann? Dazu habe ich für Sie ein Beispiel:

- Frühstück: Eine Tasse Kaffee oder ein anderes Getränk
- Mittagessen: Zwei gekochte Eier und Spinat als Beilage/ alternativ ein Smoothie
- Abendessen: Ein Steak gegrillt mit einem guten Salat

Das hört sich erst einmal nach einem sehr strickten Plan an, mit wenig Vielseitigkeit. Doch dem ist nicht so, es gibt viele Gerichte, die Sie in den nachfolgenden Rezeptteilen finden werden.

Diese Phase sollten Sie zwei Wochen folgen, bevor Sie auf die Stabilisierungsphase übergehen.

Phase 2- die Stabilisierungsphase

Die Stabilisierungsphase ist der entscheidende Punkt, an dem Sie Ihr Gewicht halten werden. Damit der Jo-Jo Effekt wirklich ausbleibt, sollten Sie diese zweite Phase wirklich nicht auslassen.

Während dieser Phase können Frauen eine Kalorienmenge von 1200 Kalorien aufnehmen und Männern 1500 Kalorien. Warum dürfen Männer mehr essen? Weil der Mann von Natur aus mehr Muskelmasse besitzt, was automatisch mehr Kalorienbedarf wiedergibt. Je mehr Muskeln, desto mehr Kalorien kann der Körper verwerten.

Bei der Stabilisierungsphase sollte die Ernährungseinstellung die gleichen Lebensmittel beherbergen wie in der ersten Phase. Wie lange sollte man diese Stabilisierungsphase einhalten? Eine Faustregel kann diese Frage beantworten:

Je verlorenem Kilo sollte eine Woche Stabilisierungsphase ermöglicht werden.

Das heißt also, wenn Sie 10 kg verloren haben, dann ist die Stabilisierungszeit auf 10 Wochen bezogen.

Tipps für die Diät: So gelingt es auch bei Ihnen

Eine Diät durchzuhalten ist mit Disziplin und Willenskraft verbunden. Das ist durchaus richtig, aber nicht die ganze Wahrheit hinter dem Thema. Ich möchte Ihnen die wichtigsten Tipps mit an die Hand geben, um diese Diät erfolgreich zu bestehen.

1. **Benutzen Sie unseren Ernährungsplan**: Mit einem Plan kommen Sie weiter. Legen Sie sich genau ein Datum fest, ab wann die Diät starten soll und setzen Sie sich damit ein Ziel. Beachten Sie, kleine Belohnungen machen den Weg leichter.
2. **Ausreichend Wasser trinken**: In der ersten Phase der Thonon-Diät kann es zu sogenannten Hungerattacken und Heißhungerproblemen kommen. Durchaus nicht verwunderlich, immerhin wird der Körper auf Schmalkurs gesetzt. Dieser ist jedoch eine gewisse Menge an Kalorien gewöhnt. Damit Sie die erste Zeit gut überstehen, empfehlen wir Ihnen ausreichend Wasser aufzunehmen. Achten Sie zusätzlich währen der Diät auf eine gute Wasserversorgung, damit der Körper die Giftstoffe abtransportieren kann.
3. **Satt einkaufen gehen**: Ein Problem, welches wir alle kennen. Man möchte gerne einkaufen und denkt nicht an das eigene Hungergefühl. Einmal im Supermarkt angekommen, könnte man alles kaufen. Einfach alles sieht gut aus. Schnell landen Dinge im Korb, die da nicht reingehören. Also am besten bei vollem Magen den Einkauf erledigen.
4. **Vorrat kochen**: Auch das ist ein leidiges Thema. Man möchte abnehmen, aber die Zeit zum Kochen fehlt. Deswegen greift man doch wieder zum fertigen Gericht. „Man kann ja morgen anfangen." Mit einer guten Vorratshaltung ist das nicht nötig. Kochen Sie auf Vorrat, und frieren sie ein, oder lassen Sie die

Gerichte im Kühlschrank. So vermeidet man unnütze Nahrungsmittel- und Kalorienaufnahme.
5. **Weniger Fett beim Kochen**: Beschichtete Pfannen und Töpfe vermeiden zu viel Fett. Das ist für eine gesunde und bewusste Ernährung Gold wert.
6. **Sport im Alltag**: Jetzt kommt ein weiteres leidiges Thema. Wie sieht es mit Sport aus? Sie haben keine Zeit? Das ist verständlich. Deswegen sollten Sie den Sport in den Alltag einbauen. Gehen Sie zu Fuß oder lassen Sie das Auto stehen und nutzen Sie das Fahrrad. Treppen statt Lift ist ebenfalls eine gute Möglichkeit.

Warum eine kalorienbewusste Ernährung

Warm sollten Sie beginnen sich kalorienbewusst zu ernähren? Dafür gibt es verschiedene Gründe. Der Körper ist ein schlaues System und kann nur so viele Kalorien verbrauchen, wie er wirklich zur Energiegewinnung benötigt. Der Rest wird aber nicht verschwendet, sondern einfach auf Lagerhaltung angelegt. Das heißt, je mehr Kalorien man aufnimmt, desto mehr Fett und Polster werden sich bei der nächsten Jeansanprobe zeigen.

Achtet man jedoch auf seine Kalorien, dann kann man durchaus Gewicht einsparen. Kalorien sind wichtig, sie stellen die Energie unseres Körpers dar. Essen wir jedoch unkontrolliert, nehmen wir mehr Kalorien auf und es kommt zum Übergewicht mit bekannten Problemen. Achten Sie jedoch auf die Kalorien, bleibt das Übergewicht aus. Deswegen basiert die Thonon-Diät unter anderem auf einer Kalorienbilanz. Wie können Sie auf Kalorien verzichten? Es ist einfacher als gedacht. Nutzen Sie mageres Fleisch, statt fettiges. Beißen Sie in den Salat, oder achten Sie auf mehr Obst und Gemüse. Greifen Sie zu Light und fettreduzierten Produkten. So sparen sie automatisch mehr Kalorien.

HINWEISE ZU DEN REZEPTEN

Sie haben bereits einen Blick auf die Rezepte geworfen und Ihnen ist dabei aufgefallen, dass etwas anders ist? Serviervorschläge mit hochauflösender Bilder fehlen auf den Seiten? Fragen Sie sich nun, warum das so ist? Das möchte ich Ihnen gerne erklären.

Rezeptbücher und Kochbücher, werden in der Anschaffung immer teurer, je mehr Bilder integriert sind. Bildmaterialien sind nicht nur in der Anschaffung teuer, sondern auch im Druck, was auch auf Sie als Kunde umgelegt werden muss. Wir möchten Ihnen einen Mehrwert bieten und zugleich unnötige Druckkosten ersparen.

Alle Rezepte sind ganz einfach erklärt und so beschrieben, dass Sie einfach nachgekocht werden können und auch wirklich nichts schief geht. Bilder regen zwar die Lust an und bieten eine Grundlage für mehr Wahrnehmung und Appetit. Die meisten Bilder, die Sie in einem Kochbuch finden, sind mit verschiedenen technischen Hilfsmittel künstlich verschönert worden. Es wäre also wirklich nicht fair, dass Sie für ein Kochbuch 20, 30 oder sogar 40 Euro mehr bezahlen, für nicht zutreffende Serviervorschläge. Wenn wir ehrlich sind, sehen die eigenen Kreationen nur selten genauso aus. Das sorgt für weniger Lust beim Kochen und meist kommt noch Enttäuschung hinzu. Sie werden in unseren Kochbüchern auch ohne hochauflösende Bilder voll auf Ihre Kosten kommen. Versprochen.

Bilder lassen ein Buch dicker werden, unhandlicher und meist fehlt in der Küche der entscheidende Platz. Ein Buch, welches dünner und handlicher ist, findet auch im vollen Regal noch ein Plätzchen.

Kochen soll doch auch Spaß machen und die Kreativität anregen. In diesem Kochbuch finden Sie deswegen keine Bildmaterialien, sondern klassische und neue Rezepte zum einfachen Nachkochen.

Hinweise zu den Nährwertangaben

Sie finden zu allen Rezepten Nährwertangaben, die sich auf eine Portion beziehen. Es kann allerdings zu Schwankungen der Angaben kommen. Das hat mehrere Gründe. Bei manchen Zutaten kann man lediglich den Durchschnittswert berechnen, bei anderen wiederum kann sich die Masse nur schwer erfassen lassen. Das gilt besonders für Obst und Gemüse. So kann bspw. der Fruchtzuckergehalt zwischen einzelnen Obstsorten variieren, aber auch innerhalb derselben Fruchtsorte unterschiedlich ausfallen. Zudem gibt es erhebliche Schwankungen bei Bio-Obst-und Gemüse und dem konventionellen Anbau, sodass auch hier die Nährwertangaben etwas unterschiedlich ausfallen können. Der Mensch ist außerdem ein echter Abenteurer und nimmt auch mal eine andere Zutat, die im Rezept gar nicht enthalten ist. Das führt natürlich auch zu abgewandelten Nährwertangaben.

Bedenken Sie also: Die Nährwerte sind Durchschnittsangaben und richten sich auf das Rezept sowie Sie es in diesem Kochbuch vorfinden.

Wichtige Abkürzungen

kcal	Kilokalorie
KH	Kohlenhydrat
g	Gramm
ml	Milliliter
EL	Esslöffel
TL	Teelöffel
Stk	Stück
Msp	Messerspitze
Pkg	Packung

REZEPTE FÜR PHASE 1

FRÜHSTÜCK

Bei der Thonon-Diät ist das Frühstück meist sehr mager ausgestattet. Wer jedoch auf den kleinen Bissen am Morgen einfach nicht verzichten will und kann, soll hier ein paar Alternativen finden. Was kann man am Morgen auf den Teller legen, wenn die Kalorienbilanz bei 600 bis 800 Kalorien liegen soll?

Im Grunde nicht viel, Alternativen sind jedoch zu finden, in dem man sich an Smoothies und Detox-Getränke hält. Auch der kleine gesunde Snackteller mit Gurke und Tomaten kann eine Alternative darstellen.

1.Kefir-Pancakes

188 kcal | Fett: 5 g | Kohlenhydrate: 16 g | Eiweiß: 10 g

Zubereitungszeit: 30 Minuten

Zutaten für 10 Pancakes:

- 200 Dinkelvollkornmehl
- 250 ml Kefir
- 4 Eier
- 400 g Skyr
- 2 EL Ahornsirup
- 1/2 TL Zimt
- 2 EL Sonnenblumenöl
- Meersalz
- 2 TL Abrieb einer Bio-Zitrone
- 3 EL Zuckerersatz (Kokosblütenzucker)

Zubereitung:

Skyr, Ahornsirup und Zimt zu einer Creme vermischen.

Danach eine weitere Schüssel zur Hand nehmen und die anderen Zutaten vermengen.

Das Öl bitte beiseite stellen. Den Teig portionsweise im Öl ausbacken und anschließend mit der Zimtmischung servieren.

Hinweis: In Kefir stecken jede Menge Milchproteine, die für diese Diät perfekt sind.

2.Gemüse-Porridge mit Krabben

188 kcal | Fett: 19 g | Kohlenhydrate: 23 g | Eiweiß: 15 g

Zubereitungszeit: 60 Minuten

Zutaten für 2 Portionen

- 2 TL Kokosöl
- 70 g Zwiebel
- 100 g Nordseekrabben
- 100 g Zucchini
- 50 g Haferkleie
- 30 g Frischkäse
- 1 TL Sahne-Meerrettich
- 1 TL Dill
- 100 g Möhren
- 200 ml Gemüsebrühe

Zubereitung:

Die Zwiebel fein hacken, die Zucchini waschen und fein würfeln. Die Karotten schälen und ebenfalls in feine Würfel schneiden.

Das Kokosöl in einem Topf erhitzen und die Zwiebeln darin anbraten. Danach die Karotten- und die Zucchiniwürfel in den Topf geben und 2 Minuten alles braten. Die Gemüsebrühe dazugeben und ablöschen.

Den Topf vom Herd nehmen und die Haferkleie zugeben. Alles gut mischen und anschließend die Krabben unterheben.

Alles 3 Minuten quellen lassen. Den Frischkäse und den Meerrettich zugeben und vermischen. Mit Salz, Pfeffer und Dill garnieren.

Hinweis: Ist der Porridge zu dick, einfach Wasser einrühren.

3.Fitness Frühstück

185 kcal | Fett: 3 g | Kohlenhydrate: 20 g | Eiweiß: 12 g

Zubereitungszeit: 10 Minuten

Zutaten für 1 Portion:

- ½ Bund Schnittlauch
- 75 g Magerquark
- 1 Tomate
- ¼ Salatgurke
- Etwas Salz
- Etwas Pfeffer
- 2 Scheiben Low Carb Brot (siehe Rezepte)
- 60 g gekochte Putenbrust
- ¼ Kresse Beet

Zubereitung:

Den Schnittlauch waschen und klein schneiden, um ihn anschließend unter den Magerquark zu heben.

Anschließend die Tomaten und die Gurke waschen und klein schneiden. Das Brot mit dem Quark, der Putenbrust und dem Gemüse belegen. Mit Salz, Pfeffer und Kresse bestreuen.

Alles auf dem Teller anrichten und genießen.

4.Kiwi küsst Chias

250 kcal | Fett: 19 g | Kohlenhydrate: 15 g |

Zubereitungszeit: 10 Minuten

Zutaten für 1 Portion:

- 150 g Naturjoghurt fettreduziert
- 1 Kiwi
- ½ Apfel
- 20 g Himbeeren
- 20 g Heidelbeeren
- 10 g Chiasamen

Zubereitung:

Den Joghurt in eine Schale geben und mit der kleingeschnittenen Kiwi versehen.

Den Apfel aufschneiden und entkernen. Danach den halben Apfel klein schneiden und zugeben.

Jetzt noch die Himbeeren und Heidelbeeren abwiegen und in den Joghurt geben.

Anschließend mit Chiasamen dekorieren.

Hinweis: Alternativ lässt sich der Skyr -Joghurt nutzen.

5.Süßes zum Morgen-Pfannkuchen

212 kcal | Fett: 15 g | Kohlenhydrate: 8 g | Eiweiß: 23 g

Zubereitungszeit: 30 Minuten

Zutaten für 2 Portionen:

- 1 Eier
- 1 Prise Salz
- 125 ml Milch
- 1 EL Eiweißpulver Vanille
- ½ Msp. Zimt
- Butter zum Ausbacken
- 50 g frische Beeren

Zubereitung:

Das Eiweiß vom Eigelb trennen und das Eiweiß mit dem Salz steif schlagen.

Das Eigelb mit Milch und Zimt vermischen. Beide Zubereitungen zusammenführen und danach das Eiweißpulver zugeben und vermischen.

Diese Masse nun portionsweise in einer Pfanne mit Butter ausbacken und mit frischen Früchten auf einem Teller anrichten.

Hinweis: Damit nicht zu viel Butter auf den Pfannkuchen zurückbleibt, diese einfach vor dem Servieren auf ein Küchenpapier legen und die Butter aufsaugen lassen.

6.Gurken-Spinat Drink

88 kcal | Fett: 1 g | Kohlenhydrate: 13 g | Eiweiß: 4 g

Zubereitungszeit: 10 Minuten

Zutaten für 1 Portion:

- 25 g Blattspinat
- 50 g Gurke
- 1 Kiwi
- 1 Minzblatt als Dekoration
- 50 g Naturjoghurt fettarm
- 1 Msp. Vanillepulver
- 1 TL Limettensaft
- ½ TL Honig

Zubereitung:

Die Kiwi schälen und die Gurke etwas zerkleinern.

Mit den anderen Zutaten nun in einen Mixer geben.

Das Minzblatt zurückhalten.

Alles bis zur gewünschten Konsistenz mischen und anschließend in ein Glas füllen.

Nun noch mit dem Minzblatt dekorieren.

7.Gemüse-Frühstücks Smoothie

69 kcal | Fett: 1 g | Kohlenhydrate: 16 g | Eiweiß: 3 g

Zubereitungszeit: 10 Minuten

Zutaten für 1 Portion:

- ½ Gurke
- 100 ml Tomatensaft
- 50 ml Möhrensaft
- Etwas Cayennepfeffer
- ½ Bund Dill

Zubereitung:

Die Gurke bei Bedarf schälen und mit den anderen Zutaten in den Mixer geben.

Danach bis zur gewünschten Konsistenz mixen.

8.Ingwer-Frühstück

45 kcal | Fett: 1 g | Kohlenhydrate: 8 g | Eiweiß: 2 g

Zubereitungszeit: 10 Minuten

Zutaten für 1 Portion:

- 25 ml Buttermilch
- ¼ Stück Ingwer
- 174 TL Honig
- Etwas Schnittlauch
- 25 ml Orangensaft
- 25 ml Möhrensaft

Zubereitung:

Den Ingwer vor seiner Verwendung bitte schälen.

Danach alle Zutaten in den Mixer geben und servieren.

9.Kräuter Smoothie

105 kcal | Fett: 2 g | Kohlenhydrate: 19 g | Eiweiß: 2 g

Zubereitungszeit: 10 Minuten

Zutaten für 1 Portion:

- 40 g Spinat
- 2 EL Kräuter nach Wahl
- ½ Apfel
- ¼ Orange
- ¼ TL Olivenöl
- 125 ml Mineralwasser

Zubereitung:

Spinat und Kräuter reinigen und zusammen in den Mixer geben.

Danach den Apfel aufschneiden und entkernen und mit der geschälten Orange in den Mixer geben.

Die anderen Zutaten dazugeben und alles miteinander mixen.

10. Paprika –Smoothie

86 kcal | Fett: 1 g | Kohlenhydrate: 14 g | Eiweiß: 4 g

Zubereitungszeit: 10 Minuten

Zutaten für 1 Portion:

- 1 Paprika
- 125 g Tomaten
- 75g Sellerie (Knolle)
- 1 Saftorange
- Etwas Salz
- Etwas Cayennepfeffer

Zubereitung:

Die Sellerie schälen und klein schneiden.

Die Saftorange schälen und mit dem Sellerie in den Mixer geben.

Die Tomaten halbieren, anschließend die Paprika entkernen und alles mit in den Mixer legen.

Alles auf einer hohen Stufe vermischen.

11. Chia Joghurt mit Himbeeren

99 kcal | Fett: 2 g | Kohlenhydrate: 10 g | Eiweiß: 5 g

Zubereitungszeit: 10 Minuten

Zutaten für 1 Portion:

- 150 g Naturjoghurt (Alternative: Skyr)
- 20 g Chiasamen
- 30 g Himbeeren

Zubereitung:

Den Joghurt in eine Schale geben.

Alternativ lässt sich Skyr verwenden.

Danach die Chiasamen unterheben und vermischen.

Die Himbeeren verlesen und dazugeben.

12. Ingwer Frühstückssuppe

96 kcal | Fett: 5 g | Kohlenhydrate: 12 g | Eiweiß: 4 g

Zubereitungszeit: 45 Minuten

Zutaten für 2 Portionen:

- 1 Kartoffel (mittelgroß)
- 5-6 Karotten
- 1 Paprika
- 5 cm Ingwer
- 1 Knoblauchzehe
- ½ Zwiebel
- 50 ml Orangensaft
- 350 ml Wasser
- Etwas Salz
- Etwas Pfeffer
- Etwas Olivenöl

Zubereitung:

Die geschnittenen Zwiebelstücke in einem Topf mit Öl anbraten. Paprika waschen und in Würfel schneiden, anschließend die Paprikawürfel zugeben.

Karotten und Kartoffel ebenfalls klein schneiden und dazugeben, danach alles mit Wasser ablöschen.

Den Ingwer geschält und zerkleinert in die Suppe geben und den Knoblauch geschält folgen lassen.

Die Suppe 15 Minuten kochen lassen. Danach den Orangensaft zugeben und pürieren.

Hinweis: Perfekt im Glas aufzubewahren und als Frühstückssuppe zu verwenden.

13. Frühstücks-Gazpacho

103 kcal | Fett: 2 g | Kohlenhydrate: 10 g | Eiweiß: 1 g

Zubereitungszeit: 30 Minuten

Zutaten für 2 Portionen:

- 150 g reife Tomaten
- 150 g Gurke
- 1 Zwiebel
- 1 Knoblauchzehe
- 150 g Paprika
- 2 El Weißweinessig
- 2 EL Olivenöl
- Etwas Salz
- Etwas Pfeffer

Zubereitung:

Die Tomaten mit kochendem Wasser übergießen und schale entfernen.

Die Zwiebel und den Knoblauch hacken und die Gurke klein schneiden. Paprika entkernen und würfeln.

Ein bisschen von dem Gemüse beiseite stellen und den Rest mit Essig und Öl pürieren. Suppe würzen und kaltstellen.

Vor dem Servieren die Gemüsestückchen zugeben.

Hinweis: Verarbeiten Sie das gesamte Gemüse und sie haben eine perfekte Frühstückssuppe auf Vorrat.

14. Gemüsesticks mit Kräuterquark

130 kcal | Fett: 8 g | Kohlenhydrate: 8g | Eiweiß: 7 g

Zubereitungszeit: 15 Minuten

Zutaten für 2 Portionen:

- 350 g gemischtes Gemüse nach Wahl
- 50 g Magerquark
- 50 griechischer Joghurt
- 50 g saure Sahne
- Etwas Salz
- Etwas Pfeffer
- 10 g Kräuter nach Wahl

Zubereitung:

Das Gemüse waschen und in Stifte schneiden.

Anschließend die anderen Zutaten in einer Schale vermischen.

Als Dip anrichten und die Gemüsesticks dazustellen.

Hinweis: Lässt sich optimal auch unterwegs essen. Einfach den Dip in eine Dose geben und die Sticks in eine Brotdose.

15. Gewürztee für die Frühstücksalternative

49 kcal | Fett: 1 g | Kohlenhydrate: 5 g | Eiweiß: 4 g

Zubereitungszeit: 15 Minuten

Zutaten für 2 Portionen:

- 30 g Ingwer
- 2 TL schwarzer Tee
- 2 Gewürznelken
- 2 Kardamomkapseln
- 2 Prisen Pfeffer
- 2 Prisen Anis
- 2 Zimtstangen
- 200 ml Mandelmilch
- 2 Sternenanis
- 150 ml Wasser

Zubereitung:

Den Ingwer schälen und reiben.

Danach mit dem Tee und den anderen Zutaten bis auf die Milch in einem Topf aufkochen lassen.

Danach die Milch zugeben und nochmals 3 Minuten köcheln lassen.

Durch ein Sieb in ein Teeglas gießen und zum Frühstück genießen.

16. Karottenbrot

183 kcal | Fett: 14 g | Kohlenhydrate: 3 g | Eiweiß: 8 g

Zubereitungszeit: 110 Minuten

Zutaten für 1 Leib:

- 220 g Karotten
- 150 g gemahlene Mandeln
- 50 g Gold-Leinsamen
- 30 g Flohsamenschalen
- 1 TL Koriandersaat
- 2 TL Backpulver
- 2 TL Salz
- 4 Eier
- 2 El Öl

Zubereitung:

Den Ofen auf 160 Grad Umluft einstellen und ein Backblech mit Papier auslegen.

Danach die Möhren reinigen und direkt auf das Backblech raspeln. Die Möhren 20 Minuten im Ofen trocknen lassen. Danach auskühlen lassen.

Die anderen Zutaten mischen und mit den Möhren vermengen. Anschließend eine Kastenform mit Backpapier auslegen und den Teig zugeben.

Das Brot 1 Stunde bei 160 Grad backen.

17. Leinsamenbrot

75 kcal | Fett: 4 g | Kohlenhydrate: 2 g | Eiweiß: 4 g

Zubereitungszeit: 110 Minuten

Zutaten für 1 Leib:

- 125 g Leinsamen
- 1 TL Koriandersaat
- 250 g Magerquark
- 3 El Rapskernöl
- 2 El Apfelessig
- 5 Eier
- 1 TL Fenchelsaat
- 1 TL Kümmelsaat
- Etwas Salz
- 1 Pk. Weinsteinbackpulver
- 50 g Flohsamenschalen

Zubereitung:

Koriander, Leinsamen, Flohsamenschalen, Kümmelsaat und Fenchelsaat in einem Mixer oder Blitzhacker zerkleinern.

Danach eine Kastenform mit Backpapier auslegen und den Ofen auf 160 Grad Umluft hochheizen.

Jetzt alle Zutaten zu einem Teig mischen und in die Form geben.

Danach 80 Minuten im Ofen backen.

MITTAGESSEN-HAUPTSPEISEN

Das Mittagessen kann sich wieder etwas umfangreicher gestalten, wobei auch hier unbedingt die Kalorien zu beachten sind. Deswegen sind Salate oder Suppen für das Mittagessen optimal geeignet.

Tipp: Um Lebensmittel zu sparen können Sie den Salat vom Nachmittag in einer größeren Menge herstellen und am Abend mit einem guten Stück Fleisch verzehren.

18. Linsensalat

380 kcal | Fett: 17 g | Kohlenhydrate: 30 g | Eiweiß: 16 g

Zubereitungszeit: 30 Minuten

Zutaten für 4 Portionen:

- 300 g Rote Linsen
- 1 Prise Salz
- 1 Prise Pfeffer
- 5 Stiele Estragon
- 1 Glas Kichererbsen
- 1 Bund Radieschen
- 1 kleine Zwiebel
- 1 Knoblauchzehe
- 7 EL Olivenöl
- 4 EL heller Balsamico

Zubereitung:

Die Linsen nach Packungsanleitung kochen und die Kichererbsen in einem Sieb abgießen und abtropfen lassen.

Jetzt eine Schüssel zur Hand nehmen und den Knoblauch mit Pfeffer, Salz, Öl und Balsamico mischen und zu einem Dressing vermengen.

Estragon waschen, abtropfen lassen und mit allen anderen Zutaten mischen. Danach das Dressing zugeben.

19. Sommerlicher Salat

64 kcal | Fett: 1 g | Kohlenhydrate: 9 g | Eiweiß: 3 g

Zubereitungszeit: 15 Minuten

Zutaten für 2 Portionen:

- 50 g Salat nach Wahl
- 25 g Rucola Salat
- 25 g Radieschen
- 25 g Apfel
- 2 El Avocado Öl
- Etwas Salz
- Etwas Pfeffer

Zubereitung:

Salat und Radieschen waschen und zerkleinern. In eine Schüssel geben.

Den Apfel zerkleinern und mit den anderen benannten Zutaten zum Salat zugeben.

Hinweis: Es lassen sich hier gut auch zwei Portionen einplanen. Alternative Speise dazu kann ein Tofu Gericht oder ein Stück Fisch sein.

20. Salat mit Ei-Einlage

190 kcal | Fett: 8 g | Kohlenhydrate: 6 g | Eiweiß: 6 g

Zubereitungszeit: 15 Minuten

Zutaten für 2 Portionen:

- 200 g Feldsalat
- 100 g Gurke
- 2 Eier
- 5 kleinere Tomaten
- 1 Selleriestange
- 1 Apfel
- 2 El Olivenöl
- 1 TL Zitronensaft
- Etwas Salz
- Etwas Pfeffer

Zubereitung:

Die Eier bitte hart kochen.

Danach den Feldsalat, die Gurken und die Tomaten klein schneiden und in einer Schale mischen.

Sellerie waschen und klein schneiden. Den Apfel halbieren und entkernen, um ihn in Würfel zu schneiden.

Danach alle Zutaten mischen und mit den gepellten Eiern servieren.

21. Wassermelonensalat

73 kcal | Fett: 3 g | Kohlenhydrate: 10 g | Eiweiß: 2 g

Zubereitungszeit: 10 Minuten

Zutaten für 4 Portionen:

- 200 g Wassermelonen-Fruchtfleisch
- 1 Gurke
- 10 g Mandelblätter
- 1 Limette
- Etwas Minze

Zubereitung:

Gurke und Wassermelone in mundgerechte Stücke teilen und in eine Schale mischen.

Danach mit dem Limettensaft und der Minze mischen und die Mandelblätter zugeben.

Hinweis: Dazu passt ein gutes Stück Tofu oder Lachs. Alternativ zwei Scheiben Räucherlachs zugeben.

22. Gurke-Radieschen Salat mit Tomaten

199 kcal | Fett: 16 g | Kohlenhydrate: 8 g | Eiweiß: 5 g

Zubereitungszeit: 15 Minuten

Zutaten für 4 Portionen:

- 1 ½ Gurke
- 1 Bund Radieschen
- 40 g Pinienkerne
- ½ Bund Basilikum
- 3 EL Zitronensaft
- 1 TL Senf
- 80 g Rucola
- 250 g kleine Tomaten
- 4 EL Olivenöl
- 1 TL Honig
- Etwas Salz
- Etwas Pfeffer

Zubereitung:

Tomaten und Gurke in Würfel schneiden. Die Radieschen in feinere Würfel teilen und mit dem Rucola, den Tomaten und Gurkenwürfel mischen.

Die Kerne in einer Pfanne ohne Öl rösten.

Danach Basilikum, Zitronensaft, Senf, Öl mit Honig, Salz und Pfeffer mischen.

Am besten das Dressing im Mixer verarbeiten. Alles zusammen mischen und servieren.

23. Avocado Rucola Salat mit Mango

360 kcal | Fett: 23 g | Kohlenhydrate: 20 g | Eiweiß: 3 g

Zubereitungszeit: 15 Minuten

Zutaten für 4 Portionen:

- 1 EL Limettensaft
- 2 EL weißer Balsamessig
- 2 EL Rapsöl
- 120 g Rucola
- 200 g kleine Tomaten
- 1 Mango
- 2 Avocados
- 2 EL Olivenöl
- 1 TL Honig
- 1 TL Senf
- Etwas Salz
- Etwas Pfeffer

Zubereitung:

Als erstes Limettensaft, Essig, Salz, Pfeffer, Honig, Senf und Öle vermischen und beiseite stellen.

Danach die Mango und Avocado entkernen, das Fruchtfleisch klein schneiden.

Die Tomaten zerkleinern und alle frischen Zutaten mit dem Rucola vermengen.

Danach mit Limettensaft beträufeln und mit dem Dressing anrichten.

24. Fischeintopf mit Kokos

280 kcal | Fett: 7 g | Kohlenhydrate: 15 g | Eiweiß: 34 g

Zubereitungszeit: 45 Minuten

Zutaten für 4 Portionen:

- 3 Zwiebeln
- 4 Knoblauchzehen
- 3 Paprikaschoten
- 2 rote Chilischoten
- 5 Tomaten
- 1 Stange Staudensellerie
- 2 EL Öl
- Etwas Salz
- Etwas Pfeffer
- 1 Stück Ingwer
- 200 ml Kokoswasser
- 1 l Geflügelbrühe
- 1 EL Kreuzkümmel
- 1 Limette
- 1 Bund Koriander
- 400 g Kabeljau
- 200 g Garnelen (küchenfertig)

Zubereitung:

Zwiebel und Knoblauch pellen und klein schneiden. Die Paprikas entkernen und klein schneiden. Die Chilischoten entkernen und hacken. Danach die Tomaten waschen und würfeln. Staudensellerie waschen und putzen, danach in Würfel teilen.

Nun Öl in einem Topf erhitzen und die Zwiebeln, Knoblauch, Paprika und Selleriewürfel in Öl braten. Salz und Pfeffer zugeben und den Ingwer geschält, gehackt in den Topf geben. Kokoswasser und Brühe nach 1 Minute aufgießen und den Kreuzkümmel zugeben.

Danach alles aufkochen und 10 Minuten köcheln lassen. Die Limette auspressen und 3 El Saft zugeben. Jetzt den Koriander waschen und klein schneiden. Den Fisch trocken tupfen und in Stücke teilen. Diesen mit in den Topf geben und 10 Minuten köcheln lassen.

25. Fisch-Gemüse-Spieße

100 kcal | Fett: 2 g | Kohlenhydrate: 8 g | Eiweiß: 12 g

Zubereitungszeit: 30 Minuten

Zutaten für 4 Portionen:

- 250 g Mango
- 1 Limette
- 150 g Zucchini
- 4 kleine Tomaten
- 200 g Kabeljaufilet
- Etwas Salz
- ½ TL Joghurtbutter
- Etwas Pfeffer
- 1 TL Pfefferbeeren
- 100 g fettarmer Joghurt

Zubereitung:

Die Mango bitte schälen und das Fruchtfleisch kleinschneiden. Die Limette halbieren und auspressen.

Die Zucchini waschen und in Würfel schneiden. Den Fisch abspülen, in Stücke schneiden und mit Salz würzen. Eine Pfanne nehmen und die Butter darin schmelzen.

Danach 2 EL Limettensaft zugeben. Anschließend die Pfanne vom Herd nehmen. Spieße zur Hand nehmen und Fischwürfel, Mango und Tomaten aufspießen.

Die Limettenbutter über die Spieße geben. Anschließend eine Pfanne oder eine Grillpfanne zur Hand nehmen und die Spieße darauf braten. In der Zwischenzeit die Pfefferbeeren zerdrücken und unter den Joghurt heben.

Mit Salz und Pfeffer abschmecken. Mit dem Dip die Spieße servieren.

26. Krebsfleischsalat nach Thai Art

146 kcal | Fett: 2 g | Kohlenhydrate: 12 g | Eiweiß: 19 g

Zubereitungszeit: 30 Minuten

Zutaten für 4 Portionen:

- 300 g Paprikaschote
- 1 Schalotte
- 1 kleine Papaya
- ¼ TL Salz
- 350 g Taschenkrebsfleisch
- ½ Bund Koriander
- 30 g Ingwer
- 1 rote Chilischote
- 2 EL Reisessig
- 3 EL Thai-Fischsauce
- 1 EL Zucker

Zubereitung:

Die Paprika entkernen und in Würfel schneiden. Danach die Schalotte schälen und würfeln.

Eine der Papayas schälen und entkernen, danach in kleine Würfel schneiden. Nun den Ingwer schälen und mit der Knoblauchpresse zerkleinern.

Den Saft auffangen und mit der zerkleinerten Chili vermischen. Jetzt Ingwersaft, Chili, Fischsauce und Zucker mit Salz und 2 EL Wasser mischen.

Nun alle vorbereiteten Zutaten mit dem Krebsfleisch in einer Schale mischen. Die Korianderblätter abzupfen und zerkleinern.

Alle Zutaten vermischen und den Salat genießen.

27. Langusten-Eintopf

280 kcal | Fett: 11 g | Kohlenhydrate: 18 g | Eiweiß: 25 g

Zubereitungszeit: 60 Minuten

Zutaten für 4 Portionen:

- 4 festkochende Kartoffeln
- 2 EL Olivenöl
- 1 ¼ l Geflügelbrühe
- 200 g Okraschoten
- 250 g Spinat
- 4 Zwiebeln
- 2 Knoblauchzehen
- 1 Paprikaschote
- 200 ml Kokosmilch (9 % Fett)
- 1 Bund Frühlingszwiebeln
- 2 rote Chilischoten
- ½ Limette
- 3 Thymianzweige
- 500 g Langustenschwanz
- Etwas Salz
- Etwas Pfeffer

Zubereitung:

Knoblauch und Zwiebeln pellen und kleinschneiden. Danach Paprika entkernen und würfeln. Die Okraschoten putzen und waschen. Den Spinat grob hacken, die Kartoffeln schälen und würfeln.

Öl in einem Topf erhitzen und die Zwiebeln und den Knoblauch darin dünsten. Danach Paprika, Schoten, Kartoffeln zugeben und kurz 1 Minute mitdünsten. Brühe aufgießen und mit Kokosmilch anreichern.

Anschließend den Thymian vom Stieg ziehen und mit in die Suppe geben. Alles 25 Minuten köcheln lassen. Die Langustenschwänze von den Schalen befreien und das Fleisch klein schneiden. Die Chilis waschen, zerkleinern und die Frühlingszwiebel in Ringe schneiden.

Nun die restlichen Zutaten in den Topf geben und 10 Minuten köcheln lassen. Mit den Gewürzen und Limettensaft abschmecken.

28. Zitronengras Suppe

209 kcal | Fett: 11 g | Kohlenhydrate: 12 g | Eiweiß: 13 g

Zubereitungszeit: 50 Minuten

Zutaten für 4 Portionen:

- 3 Stangen Zitronengras
- 10 g Ingwer
- 2 rote Chilischoten
- 2 EL Rapsöl
- 300 ml Kokosmilch (9 % Fett)
- 1 Bund Koriander
- 100 g Shiitakepilze
- 20 g brauner Zucker (1 EL)
- Etwas Salz
- Etwas Pfeffer
- 8 Garnelen (küchenfertig)
- 400 ml Fischfond
- 2 Limetten
- 2 Knoblauchzehen
- 3 EL Thai-Fischsauce

Zubereitung:

Das Zitronengras reinigen und die harte Außenschale abnehmen. Den Rest in Stücke schneiden. Ingwer und Chili grob hacken.

Etwas Öl im Topf erhitzen und das Zitronengras darin braten. Anschließend den Fond aufgießen und alles 30 Minuten bei schwacher Hitze köcheln lassen. Die Limette auspressen und den Koriander zerkleinern.

Danach die Pilze in Scheiben schneiden. Den Knoblauch schälen und zerkleinern. Die Suppe nun durch ein Sieb in einen weiteren Topf geben und die Fischsauce sowie Limettensaft und Kokosmilch zugeben. Zucker, Salz und Pfeffer hinzufügen. Kurz aufkochen lassen.

Danach die Pilze, Knoblauch zugeben und vermischen. Die Garnelen in einer Pfanne mit Öl braten. Nun die Suppe auf dem Teller verteilen und die Garnelen zugeben. Noch mit Koriander verzieren und genießen.

29. Spargelsuppe

128 kcal | Fett: 13 g | Kohlenhydrate: 8 g | Eiweiß: 2 g

Zubereitungszeit: 40 Minuten

Zutaten für 2 Portionen:

- 125 g weißer Spargel
- 20 g Butter
- 20 g Dinkelmehl
- 500 ml Spargelwasser vom Kochen
- 1 El Sahne
- Etwas Salz
- Etwas Pfeffer
- Etwas Muskat
- 1 Eigelb

Zubereitung:

Den Spargel putzen und in mundgerechte Stücke teilen.

Danach den Spargel in kochendem Salzwasser kochen und nach der Garzeit aus dem Wasser nehmen.

Butter in einem Topf schmelzen lassen und das Mehl darin anschwitzen. Danach mit Spargelwasser ablöschen und kurz aufkochen lassen.

Anschließend die Sahne mit dem Eigelb vermischen und unter die Suppe geben. Mit Salz, Pfeffer und Muskat vermengen. Die Spargelstücke in die Suppe geben.

Aufkochen lassen und servieren.

30. Rote Beete Suppe

206 kcal | Fett: 11 g | Kohlenhydrate: 12 g | Eiweiß: 4 g

Zubereitungszeit: 50 Minuten

Zutaten für 2 Portionen:

- 400 g Rote Beete
- 200 g Knollensellerie
- 400 ml Gemüsefond
- 100 ml Sahne
- 3 Schalotten
- 2 Lorbeerblätter
- 1 El Butter
- 1 Bund Petersilie
- Etwas Salz
- Etwas Pfeffer
- Etwas Zitronensaft

Zubereitung:

Schalotte, Sellerie und Rote Beete in Würfel schneiden.

Butter in einem Topf erhitzen und die Zutaten darin anbraten. Mit dem Fond ablöschen und aufkochen lassen.

Mit Salz, Pfeffer abschmecken und den Lorbeer zugeben.

Die Suppe 40 Minuten kochen lassen und anschließend pürieren. Die Sahne zugeben und nochmals aufkochen lassen.

Jetzt noch einige Spitzer Zitronensaft zugeben und servieren.

31. Gedämpfte Zucchiniblüte

239 kcal | Fett: 8 g | Kohlenhydrate: 16 g | Eiweiß: 20 g

Zubereitungszeit: 45 Minuten

Zutaten für 4 Portionen:

- 350 g Garnelen
- Etwas Salz
- Etwas Pfeffer
- 1 Eiweiß
- 2 EL Schlagsahne
- ½ Zitrone
- 2 TL Weißweinessig
- 1 TL Honig
- 4 EL Olivenöl
- 30 g eingelegte, getrocknete Tomaten
- 1 Frühlingszwiebel
- 8 Zucchiniblüten
- 100 g gemischte Salatkräuter
- ½ Kopf roter Eichblattsalat
- 2 Kästchen Shisokresse

Zubereitung:

Die Garnelen in einer Küchenmaschine mit dem Eiweiß zusammen zu einer glatten Masse vermischen. Die Tomaten einweichen und die Sahne unter die Masse der Garnelen heben. Nun die Frühlingszwiebeln würfeln und die Tomaten in feine Würfel schneiden. Zwiebeln und Tomaten unter die Garnelenmasse geben. Die Zucchiniblüten vorsichtig vom Stängel entfernen und die Garnelenmasse in die Blüten geben. Diese verschließen und in einen Dampfgareinsatz geben. Wasser zum Kochen bringen und den Gareinsatz über das kochende Wasser geben. Die Blüten 12 Minuten garen. Die Salatkräuter waschen und klein hacken. Danach den Salat waschen und zerteilen. Salat und Kräuter mischen. Nun die Soße zubereiten und dafür die Zitrone auspressen und 1 EL Saft mit Essig und Honig vermengen. Salz und Pfeffer unterheben. Noch das Öl zugeben und die Soße ist fertig. Den Salat mit dem Dressing mischen und zusammen mit der Zucchiniblüte anrichten.

32. Tomatensuppe

230 kcal | Fett: 19 g | Kohlenhydrate: 9 g | Eiweiß: 4 g

Zubereitungszeit: 60 Minuten

Zutaten für 4 Portionen:

- 1 Zwiebel
- 2 EL Tomatenmark
- 600 ml Gemüsebrühe
- 2 Knoblauchzehen
- 4 EL Olivenöl
- 60 ml Schlagsahne (30 % Fett)
- 2 EL Crème fraîche (30 % Fett)
- Etwas Basilikum
- 650 g reife Tomaten
- Etwas Salz
- Etwas Pfeffer
- 1 TL Honig
- 1 TL getrockneter Oregano

Zubereitung:

Zwiebel und Knoblauch pellen und fein hacken. Danach Öl in einem Topf erhitzen und die Zutaten dünsten.

In der Zeit die Tomaten grob teilen und in den Topf zugeben. Danach 2 Minuten dünsten. Tomatenmark zugeben und mit Brühe ablöschen.

Honig, Salz, Pfeffer und Oregano zugeben. 20 Minuten kochen lassen, danach Suppe pürieren und mit Basilikum verfeinern.

33. Einfaches Rumpsteak

422 kcal | Fett: 17 g | Kohlenhydrate: 5 g | Eiweiß: 60 g

Zubereitungszeit: 60 Minuten

Zutaten für 2 Portionen:

- 50 g Rucola
- ½ Zitrone
- 1 EL Olivenöl
- 1 EL Rapsöl
- 10 Kirschtomaten
- 1 Rosmarin-Zweige
- 375 g doppeltes Rumpsteak
- Etwas Salz
- Etwas Pfeffer

Zubereitung:

Den Rosmarin waschen und klein schneiden.

Danach mit dem Saft einer halben Zitrone anreichern. Olivenöl zugeben und vermischen. Die Tomaten waschen und den Rucola klein schneiden. Öl in einer Pfanne erhitzen und das Steak von beiden Seiten scharf anbraten.

Es anschließend aus der Pfanne nehmen und in Alufolie ziehen lassen. Die Tomaten im Ganzen in der Pfanne braten. Nun den Backofen auf 250 Grad vorheizen und die Tomaten mit dem Steak 5 Minuten backen.

Den Rucola mit dem Rosmarin Dressing anreichern und zusammen mit dem Fleisch und den Tomaten anrichten.

34. Rindfleischpfanne

450 kcal | Fett: 26 g | Kohlenhydrate: 12 g | Eiweiß: 43 g

Zubereitungszeit: 60 Minuten

Zutaten für 2 Portionen:

- 6 Paprika
- Etwas Salz
- Etwas Pfeffer
- Etwas gemahlener Koriander
- 800 g Rindfleisch
- 3 EL Olivenöl
- Etwas gemahlener Kümmel
- 1 Chilischote
- 1 Zwiebel
- 1 Knoblauchzehe
- 200 g Kirschtomaten
- 1 EL Tomatenmark
- 2 EL Paprikapulver
- 750 ml Fleischbrühe

Zubereitung:

Paprika, Tomaten, Chili, Knoblauch und Zwiebel reinigen und klein schneiden.

Das Fleisch in Portionen schneiden und in einer Pfanne mit heißem Öl braten. Das Fleisch anschließend herausnehmen. Chili, Zwiebel und Knoblauch in 1 EL Öl in der Pfanne braten. Tomatenmark zugeben und Paprikapulver in die Pfanne streuen.

Danach die Brühe zugeben, die Tomaten, die Paprika und das Fleisch in die Pfanne legen.

Gewürze zugeben und alles 30 Minuten kochen lassen.

35. Kürbisgratin

294 kcal | Fett: 19 g | Kohlenhydrate: 17 g | Eiweiß: 13 g

Zubereitungszeit: 50 Minuten

Zutaten für 3 Portionen:

- 1 kg Hokkaido-Kürbis
- Etwas Salz
- Etwas Chiliflocken
- 2 Stangen Lauch
- 2 Rosmarin-Zweige
- 125 g Mozzarella
- 60 g Haselnüsse
- 10 g Butter
- 200 ml Gemüsebrühe

Zubereitung:

Den Backofen auf 160 Grad vorheizen.

Den Kürbis aufschneiden, schälen und entkernen. Das Fruchtfleisch in Würfel schneiden.

Danach den Lauch putzen und in Ringe schneiden. Eine große Auflaufform mit Butter bepinseln und den Kürbis sowie den Lauch zugeben.

Gewürze zugeben und den Käse in Streifen schneiden. Brühe zugeben, Käse über den Auflauf streuen und den Gratin am Ende 30 Minuten in den Ofen stellen.

36. Artischocken Tortilla

246 kcal | Fett: 14 g | Kohlenhydrate: 8 g | Eiweiß: 21 g

Zubereitungszeit: 25 Minuten

Zutaten für 2 Portionen:

- 220 g Artischockenherz
- 1 Zwiebel
- 3 Eier
- 6 EL Milch
- Etwas Salz
- 1 Knoblauchzehe
- ½ TL Tomatenmark
- 1 TL Olivenöl
- 50 g milder Schafskäse
- 100 g Kirschtomaten
- Etwas Pfeffer

Zubereitung:

Zwiebel, Knoblauch schälen und klein schneiden. Die Tomaten waschen und klein schneiden.

Die Artischockenherzen abtropfen lassen. Anschließend Eier, Milch und Tomatenmark mischen. Salz und Pfeffer zugeben und alles verquirlen.

Öl in einer beschichteten Pfanne erhitzen und Zwiebel, Knoblauch sowie die Herzen zugeben und kurz anbraten. Jetzt die Kirschtomaten und die Eimischung zugeben.

Das Ei stocken lassen und anschließend den Käse zerbröseln und über die Tortilla geben.

37. Putenragout mit Kürbis

424 kcal | Fett: 22 g | Kohlenhydrate: 15 g | Eiweiß: 40 g

Zubereitungszeit: 40 Minuten

Zutaten für 2 Portionen:

- 1 Hokkaido-Kürbis
- Etwas Sojasauce
- Etwas Saft einer Zitrone
- Etwas Kümmel
- 1 TL gestoßener Kümmel
- 150 g Crème fraîche
- 125 ml Gemüsebrühe Instant
- Etwas Salz
- Etwas Pfeffer
- 2 EL Petersilie
- 4 EL Sonnenblumenöl
- 600 g Putenbrustfilet
- 1 große Zwiebel
- 1 EL roter Paprikapulver

Zubereitung:

Das Fleisch in mundgerechte Stücke teilen und anschließend in Sojasoße und Zitronensaft einlegen.

Danach das Fleisch kaltstellen. Den Kürbis schälen und Kerne entfernen. Danach das Furchtfleisch und die Zwiebel würfeln, diese in Öl anschwitzen.

Das Kürbisfruchtfleisch und die Gemüsebrühe zugeben. Aufkochen lassen und die Gewürze zufügen. Danach bei schwacher Hitze 20 Minuten köcheln lassen. Crème fraîche zugeben und einrühren.

Danach mit Salz und Pfeffer würzen. Das Fleisch aus der Marinade nehmen und in 2 EL Öl anbraten.

Zum Schluss bei hoher Hitze garen und mit dem Kürbisragout anrichten.

ABENDESSEN-HAUPTSPEISEN

Das Abendessen sollte entsprechend mit wenigen Kalorien gestaltet sein. Dazu habe ich Ihnen ein paar interessante Rezepte zusammengestellt. Fisch, Fleisch und Gemüse in allen Varianten sind erlaubt.

38. Steckrüben-Curry

315 kcal | Fett: 17 g | Kohlenhydrate: 15 g | Eiweiß: 28 g

Zubereitungszeit: 40 Minuten

Zutaten für 4 Portionen:

- 1 Zwiebel
- 1 Knoblauchzehe
- 1 EL rote Currypaste
- 400 ml Gemüsebrühe
- 200 ml Sojacreme
- Etwas Salz
- Etwas Pfeffer
- 1 EL Zitronensaft
- 2 Stiele Koriander
- 10 g Ingwer
- 750 g Steckrübe
- 300 g Grünkohl
- 300 g Hähnchenbrustfilet
- 1 EL Kokosöl
- 15 g geröstete Erdnusskern (2 EL)

Zubereitung:

Zwiebel, Knoblauch, Ingwer schälen und fein würfeln. Die Steckrübe schälen und in Würfel schneiden.

Danach den Grünkohl reinigen, von den Stielen entfernen und klein schneiden. Das Fleisch in Würfel schneiden und in einer Pfanne mit Öl braten.

Anschließend herausnehmen und die Zwiebel-, Knoblauch-, und Ingwerstücke in die Pfanne geben. Jetzt wird alles gedünstet, später die Steckrübe und Currypaste zugeben und alles vermischen. Brühe aufgießen und 5 Minuten aufkochen lassen.

Grünkohl und Hähnchenstücke zugeben, alles nochmals 5 Minuten köcheln lassen. Den Koriander kleingehackt zugeben und die Sojacreme einrühren.

Danach Salz und Pfeffer zufügen und mit Erdnusskernen versehen.

39. Sesam Hähnchenbrust

310 kcal | Fett: 10 g | Kohlenhydrate: 6 g | Eiweiß: 46 g

Zubereitungszeit: 25 Minuten

Zutaten für 4 Portionen:

- 3 El geschälter Sesam
- 1 Limette
- 720 g Hähnchenbrustfilet
- 10 g Ingwer
- 2 TL Honig
- 1 EL Rapsöl
- 3 EL Austernsauce
- 1 rote Chilischote
- 4 EL Sojasauce

Zubereitung:

Den Sesam in einer Pfanne ohne Fett rösten.

Nach dem Rösten auf einen Teller legen. Das Hühnchen abspülen und abtropfen lassen. Anschließend den Ingwer schälen und reiben. Die Chili entkernen und kleinschneiden.

Danach die Zitrone abspülen und halbieren bzw. auspressen. Ingwer, Chili, Limettensaft, Sojasoße vermischen und mit Honig und Öl anreichern.

Die Austernsauce zugeben und alles gut vermischen. Jetzt das Hühnchen nehmen und mit der Chilisoße bestreichen.

Danach in Öl braten und direkt warm in dem Sesam wälzen.

Tipp: Ein leichter Salat passt bestens dazu.

40. Gesundes Rindergulasch

364 kcal | Fett: 17 g | Kohlenhydrate: 8 g | Eiweiß: 44 g

Zubereitungszeit: 180 Minuten

Zutaten für 4 Portionen:

- 800 g Rindfleisch
- 2 Zwiebeln
- 2 Möhren
- 3 EL Olivenöl
- 1 EL Balsamessig
- 250 ml Rindfleischbrühe
- 600 g passierte Tomaten
- Etwas Salz
- Etwas Pfeffer
- 1 Knoblauchzehe
- 3 Thymianzweige
- 3 Oreganostiele

Zubereitung:

Das Fleisch in kleine Stücke schneiden. Die Zwiebel pellen und in Würfel zerteilen. Die Möhren schälen und ebenfalls in Würfel schneiden.

Danach Öl in einer Pfanne erhitzen und das Fleisch darin braten. Ruhig bei starker Hitze 6 Minuten von allen Seiten. Salz und Pfeffer zugeben. Nun die Zwiebeln und Möhren zum Fleisch geben, dann alles mit anbraten.

Danach Knoblauch schälen und klein schneiden. Alles mit zum Fleisch geben. Die Kräuter hacken und ebenfalls zugeben. Danach mit Balsamessig ablöschen und mit der Rindfleischbrühe zusammenmischen.

Die Tomaten zugeben und alles bei geringer Hitze 2 Stunden kochen.

Bei Bedarf immer mal wieder mit Wasser aufgießen.

Hinweis: Mit Salat ein echter Genuss!

41. Ofen Schafskäse mit Blumenkohlreis

293 kcal | Fett: 18 g | Kohlenhydrate: 9 g | Eiweiß: 25 g

Zubereitungszeit: 25 Minuten

Zutaten für 4 Portionen:

- 400 g Schafskäse (9% Fett)
- 3 EL Haselnüsse
- 1 TL Olivenöl
- Etwas Salz
- Etwas Pfeffer
- 1 Möhre
- ½ Zwiebel
- 600 g kleiner Blumenkohl
- 20 g Petersilie
- 1 TL Zitronensaft

Zubereitung:

Die Haselnüsse grob hacken. Den Käse in vier Teile teilen und in eine Auflaufform geben. Die Zwiebel pellen und hacken.

Danach die Möhren schälen und raspeln. Die vorbereiteten Zutaten mit den Nüssen mischen.

Jetzt wird Öl hinzugegeben und mit Salz, Pfeffer versehen. Danach die Mischung auf den Käsestücken verteilen und den Käse bei 200 Grad Umluft 10 Minuten backen.

Den Blumenkohl reinigen und raspeln. Mit Zitronensaft und Petersilie mischen und mit dem Käse servieren.

42. Steak vom Rind mit Pilz-Möhren Beilage

310 kcal | Fett: 15 g | Kohlenhydrate: 8 g | Eiweiß: 37 g

Zubereitungszeit: 50 Minuten

Zutaten für 4 Portionen:

- 1 Bund Petersilie
- 1 EL Sonnenblumenöl
- 4 Rinderfiletsteaks
- 1 EL Kräuterbutter
- 400 g Champignons
- 500 g Möhren
- 1 TL Butter
- Etwas Pfeffer
- Etwas Salz

Zubereitung:

Möhren putzen, schälen und Pilze reinigen.

Danach beides kleinschneiden. Butter in einer Pfanne erhitzen und die Möhren und Pilze kräftig anbraten.

Den Backofen auf 100 Grad stellen. Nun das Steak in einer Pfanne braten, danach in Alufolie für 15 Minuten im Ofen bei 100 Grad ziehen lassen.

Salz und Pfeffer zum Würzen nutzen. Danach das Gemüse mit dem Fleisch anrichten und mit Kräuterbutter versehen.

43. Grill-Rindfleisch mit argentinischer Marinade

319 kcal | Fett: 16 g | Kohlenhydrate: 2 g | Eiweiß: 43 g

Zubereitungszeit: 50 Minuten

Zutaten für 4 Portionen:

- 2 Knoblauchzehen
- 1 Zwiebel
- ½ TL Salz
- ½ TL Pfeffer
- 2 EL Weißweinessig
- 3 EL Olivenöl
- 800 g Rinderfiletsteak
- 1 Bund Petersilie
- 1 EL getrockneter Thymian
- 1 EL getrockneter Oregano
- 1 Lorbeerblatt
- 1 TL Paprikapulver edelsüß
- 1 TL Chiliflocken

Zubereitung:

Knoblauch und Zwiebel pellen und fein hacken. Petersilien fein hacken und mit den anderen Gewürzen mischen.

Öl mit Essig vermischen und die Gewürze zugeben. Knoblauch und Zwiebeln unterheben und nun das Fleisch damit einreiben.

Kurz ziehen lassen und anschließend auf eine Grillpfanne legen oder auf den Grill packen.

Das Fleisch kann jetzt je nach Geschmack (rosa/medium) gebraten werden.

44. Kürbis-Kokosnuss Suppe

152 kcal | Fett: 8 g | Kohlenhydrate: 12 g | Eiweiß: 6 g

Zubereitungszeit: 30 Minuten

Zutaten für 2 Portionen:

- 375 g Hokkaido-Kürbis
- 1 Stange Zitronengras
- 20 g frischer Ingwer
- 1 rote Chili
- 1 TL Olivenöl
- 200 ml Gemüsebrühe
- 200 ml Kokosmilch
- Etwas Salz
- Etwas Pfeffer
- 1 EL Kürbiskerne

Zubereitung:

Den Kürbis entkernen, schälen und klein schneiden. Den Ingwer waschen und ebenfalls klein schneiden. Das Zitronengras zerkleinern und den Chili hacken.

Nun Öl in einer Pfanne erhitzen und diese Zutaten in der Pfanne dünsten.

Anschließend mit Brühe und Milch ablöschen und aufkochen lassen. Nach 10 bis 20 Minuten müssten alle Zutaten gar sein und die Suppe kann püriert werden.

Salz und Pfeffer zugeben, die Kürbiskerne als Dekoration einstreuen.

45. Tofu-Curry

293 kcal | Fett: 17 g | Kohlenhydrate: 14 g | Eiweiß: 21 g

Zubereitungszeit: 45 Minuten

Zutaten für 4 Portionen:

- 1 Zwiebel
- 1 Knoblauchzehe
- 20 g Ingwer
- 500 g grüner Spargel
- 300 g Tofu
- 1 Blatt Nori-Alge
- 5 g Koriander
- 2 TL Sesamöl
- Etwas Salz
- Etwas Pfeffer
- 2 EL Erdnussöl
- 1 grüne Chilischote
- 500 g Brokkoli
- 30 g gelbe Currypaste
- ½ TL Kurkumapulver
- 250 ml Gemüsebrühe
- 200 ml Kokosmilch (fettarm)
- 1 EL helle Sojasauce

Zubereitung:

Die Zwiebel, Knoblauch und Ingwer zuerst schälen, dann kleinhacken. Den Chili entkernen und hacken. Danach den Brokkoli in Stücke teilen.

Den Spargel schälen, Enden abschneiden und anschließend halbieren. Erdnussöl in einer Pfanne erhitzen, danach die Zwiebeln 3 Minuten dünsten. Den Knoblauch, Ingwer und Chili zugeben und nochmals 2 Minuten dünsten. Currypaste und Kurkuma zugeben und anschließend mit Gemüsebrühe aufgießen.

Die Kokosmilch zugeben, aufkochen und 10 Minuten köcheln lassen. Spargel und Brokkoli in den Dampfgaraufsatz geben und 10 Minuten über Salzwasser dünsten. Tofu in Würfel schneiden und das Nori-Blatt fein hacken. Koriander waschen und trocken schütteln. In einer Pfanne Sesamöl erhitzen und den Tofu darin braten.

Das Nori-Blatt zugeben und 2 Minuten mitbraten. In die anderen Pfanne Currysauce und Sojasauce geben und mit Pfeffer abschmecken. Den Tofu unterheben und nochmals aufkochen lassen.

Zusammen mit dem Spargel und dem Brokkoli auf einem Teller anrichten.

46. Zitronen-Senf-Tofu

270 kcal | Fett: 14 g | Kohlenhydrate: 10 g | Eiweiß: 26 g

Zubereitungszeit: 140 Minuten

Zutaten für 4 Portionen:

- 1 Zitrone
- 1 EL mittelscharfer Senf
- 200 g Rucola
- 2 EL Olivenöl
- Muskatnuss
- Etwas Salz
- Etwas Pfeffer
- 600 g Tofu
- 1 Gurke
- 250 g kleine Tomaten

Zubereitung:

Die Zitrone heiß abwaschen und die Schale abreiben, danach den Saft auspressen. 4 EL Zitronensaft mit Senf und Salz sowie Pfeffer vermischen.

Den Tofu in Scheiben schneiden und mit der Marinade bestreichen. Anschließend in den Kühlschrank legen. Dort 2 Stunden ziehen lassen.

Gurke, Tomate, Rucola waschen und klein schneiden. Öl in der Pfanne erhitzen, die Gurkenstücke und Tomaten darin dünsten. Salz und Pfeffer und Muskat zugeben.

Den Tofu zugeben und kurz mitbraten. Anschließend auf den Tellern mit dem Rucola verteilen.

47. Tofu-Rührei

218 kcal | Fett: 11 g | Kohlenhydrate: 6 g | Eiweiß: 24 g

Zubereitungszeit: 20 Minuten

Zutaten für 4 Portionen:

- 2 Zwiebeln
- 1 Knoblauchzehe
- 600 g Tofu
- 1 EL Sesamöl
- 1 TL Kurkuma gemahlen
- 2 EL frisch gehackte Petersilie
- Etwas Salz
- Etwas Pfeffer
- 2 EL Sojasauce

Zubereitung:

Zwiebel, Knoblauch schälen und fein hacken.

Danach den Tofu mit der Gabel zerdrücken. Öl in der Pfanne erhitzen und die Zwiebel, den Knoblauch und den Tofu darin braten.

Mit Kurkuma, Salz, Pfeffer abschmecken und die Sojasoße daruntermischen.

Zum Schluss noch mit Petersilie garnieren.

Hinweis: Dazu passt ein Salat perfekt.

48. Wok-Rindfleisch

269 kcal | Fett: 13 g | Kohlenhydrate: 11 g | Eiweiß: 28 g

Zubereitungszeit: 50 Minuten

Zutaten für 4 Portionen:

- 400 g Rinderfilet
- 1 Zwiebel
- 100 g Möhren
- 1 Paprikaschote
- 1 EL Sherryessig
- 2 Knoblauchzehen
- 3 EL Sojasauce
- 1 TL geriebener Ingwer
- 200 g Brokkoli
- 100 g Lauch
- Etwas Salz
- 1 EL geröstetes Sesamöl
- Etwas Chilipulver
- 200 g Champignons
- 50 g Mungobohnensprossen
- 1 TL Speisestärke
- 2 EL Olivenöl

Zubereitung:

Das Fleisch vorsichtig in Streifen schneiden. Anschließend die Zwiebel, Knoblauch pellen und hacken. Das Gemüse waschen, bei Bedarf schälen und anschließend in Stücke schneiden.

Jetzt den Essig in einer Schale mit Sojasoße (2EL), Ingwer, Speisestärke und 2 EL Wasser vermischen. Öl in einem Wok oder Pfanne erhitzen und das Fleisch darin scharf anbraten.

Danach 1 EL Sojasoße zugeben und mitbraten. Das Fleisch aus dem Wok nehmen und das Gemüse darin scharf anbraten. 100 ml Wasser zugeben und den Wok zudecken. Das Gemüse 10 Minuten kochen lassen bevor die Soßenmischung hinzukommt. Kurz aufkochen lassen, danach mit Sesamöl und Chilipulver würzen.

Zum Schluss alles auf dem Teller anrichten und mit dem Fleisch servieren.

49. Gebratener Chicorée

176 kcal | Fett: 14 g | Kohlenhydrate: 9 g | Eiweiß: 3 g

Zubereitungszeit: 25 Minuten

Zutaten für 2 Portionen:

- 1 EL Pinienkerne
- 2 Chicorée
- Etwas Salz
- Etwas Pfeffer
- 2 EL Olivenöl
- 1 EL Akazienhonig
- 2 EL Balsamessig

Zubereitung:

Die Pinienkerne ohne Öl in der Pfanne rösten.

Den Chicorée vom Stielansatz befreien und halbieren. Öl in einer Pfanne erhitzen und die Chicorée darin braten.

Nach 2 bis 3 Minuten Honig darüber geben und mit Essig ablöschen. Alles 2 Minuten schmoren und dabei den Chicorée wenden.

Leicht salzen und auf dem Teller anrichten.

Hinweis: Passt gut zu einem Salat Ihrer Wahl.

50. Spargel Omelette

314 kcal | Fett: 23 g | Kohlenhydrate: 6 g | Eiweiß: 18 g

Zubereitungszeit: 40 Minuten

Zutaten für 4 Portionen:

- 500 g grüner Spargel
- 2 EL Olivenöl
- Etwas Salz
- 1 EL gehackter Kerbel
- 1 EL gehackter Basilikum
- 2 EL Pinienkerne
- Etwas Pfeffer
- 100 ml trockener Weißwein
- 8 Eier
- 50 g Crème fraîche

Zubereitung:

Den Spargel schälen und in einer ofenfesten Pfanne 2 Minuten mit Öl braten. Salzen, pfeffern und mit Wein ablöschen.

Den Deckel auf die Pfanne legen und 10 Minuten köcheln lassen. Danach den Ofen auf 200 Grad vorheizen.

Die Eier mit dem Crème fraîche mischen und Kräuter zugeben Nochmals die Eier würzen und anschließend über den Spargel geben.

Zum Schluss mit Pinienlerne bestreuen und 10 Minuten in den Ofen stellen.

51. Gegrilltes Steak mit Tomaten

340 kcal | Fett: 18 g | Kohlenhydrate: 1 g | Eiweiß: 44 g

Zubereitungszeit: 15 Minuten

Zutaten für 4 Portionen:

- 600 g Rindersteak
- 2 EL Olivenöl
- Etwas Salz
- 2 Stiele Thymian
- 2 Tomaten
- 1 TL Pfefferkörner

Zubereitung:

Das Steak 30 Minuten vor dem Grillen aus dem Kühlschrank nehmen.

Mit Öl bepinseln und auf den Grill oder in die Grillpfanne legen. Tomaten waschen, halbieren und die Schnittflächen mit Öl bestreichen.

Danach mit auf den Grill oder in die Pfanne legen. Wenn alles gegrillt ist, mit Pfefferkörnern und Thymian belegen und servieren. Salz zum Schluss darüber streuen.

52. Artischocken Suppe

370 kcal | Fett: 33 g | Kohlenhydrate: 8 g | Eiweiß: 8 g

Zubereitungszeit: 80 Minuten

Zutaten für 2 Portionen:

- 800 g Artischocken
- 125 ml trockener Weißwein
- 500 ml klassische Gemüsebrühe
- 50 g grüne Oliven (entsteint)
- 1 Zwiebel
- 2 Knoblauchzehen
- Etwas Salz
- Etwas Pfeffer
- 4 EL Olivenöl
- 50 ml Schlagsahne

Zubereitung:

Zwiebel und Knoblauch pellen, beides klein schneiden. Den Stiel und die harten Blätter der Artischocke abtrennen. Das Fruchtfleisch klein schneiden.

Öl in einem Topf erhitzen, Zwiebel, Knoblauch und Artischocke braten. Wein zugeben und einkochen lassen.

Danach die Brühe aufgießen und 10 Minuten köcheln lassen. Oliven klein hacken und mit dem Öl mischen.

Danach die Oliven mit in die Suppe geben und alles pürieren. Nachwürzen und zusammen servieren.

53. Blumenkohlschnitzel

241 kcal | Fett: 16 g | Kohlenhydrate: 8 g | Eiweiß: 13 g

Zubereitungszeit: 30 Minuten

Zutaten für 2 Portionen:

- ½ Blumenkohl, roh
- 1 Eigelb
- 15 ml Olivenöl
- 15 g Süßlupinenmehl
- Etwas Salz

Zubereitung:

Den Blumenkohl vom Strunk und den Blättern befreien, anschließend in dicke 5 cm Scheiben schneiden.

Danach das Eigelb aufschlagen und das Mehl auf einen separaten Teller ausstreuen.

Den Blumenkohl erst im Ei, dann im Mehl wenden. Anschließend die Pfanne erhitzen und das Schnitzel darin braten.

54. Überbackener Lauch

290 kcal | Fett: 18 g | Kohlenhydrate: 12 g | Eiweiß: 15 g

Zubereitungszeit: 40 Minuten

Zutaten für 2 Portionen:

- 2 Stangen Lauch
- 60 g gekochter Schinken
- 100 ml Sahne zum Kochen, fettreduziert
- 1 Prise Muskatnuss
- 10 g Schnittlauch
- 30 g Reibekäse, fettreduziert
- ½ TL Johannisbrotkernmehl
- 1 Prise Salz
- 1 Prise Pfeffer

Zubereitung:

Den Lauch waschen und in 3 Stücke schneiden. Danach in kochendes Salzwasser geben und 10 Minuten ziehen lassen. Eine Auflaufform zurechtstellen.

Den Lauch abgießen und mit dem Schinken einwickeln. Sind die Schinkenscheiben zu groß, diese bitte einfach halbieren. Sahne in einen Topf geben und das Mehl einrühren. Einmal aufkochen lassen und mit Gewürzen abschmecken.

Danach Die Sahne in die Auflaufform, wo bereits der Lauch geschichtet liegt, hinzugeben.

Danach mit Käse bestreuen und im Ofen bei 160 Grad 15- 20 Minuten überbacken.

55. Möhren-Nudeln mit Rucola

270 kcal | Fett: 19 g | Kohlenhydrate: 17 g | Eiweiß: 9 g

Zubereitungszeit: 35 Minuten

Zutaten für 2 Portionen:

- 50 g Pinienkerne
- 800 g Möhren
- 100 ml Gemüsebrühe
- 250 g Tomaten
- 10 g Basilikum
- 30 g Parmesan
- 80 g Rucola
- 4 EL Olivenöl
- Etwas Salz
- Etwas Pfeffer

Zubereitung:

Die Pinienkerne in einer Pfanne ohne Fett rösten.

Den Basilikum waschen und die Hälfte abnehmen. Diese Hälfte mit der Hälfte der Kerne aus der Pfanne im Mixer zu einer Paste verarbeiten. Parmesan reiben und zugeben.

Die Möhren Putzen, schälen und danach in sehr dünne Streifen schneiden. Öl in einer Pfanne erhitzen und die Möhren darin braten. Mit Brühe ablöschen und 5 Minuten köcheln lassen. Die Flüssigkeit muss verkocht sein.

Das Basilikumpesto zugeben und vermischen. Jetzt noch die Tomaten vierteln und unterheben.

Salzen, pfeffern und mit Rucola anrichten.

56. Gebackene Pastinaken

192 kcal | Fett: 15 g | Kohlenhydrate: 7 g | Eiweiß: 5 g

Zubereitungszeit: 35 Minuten

Zutaten für 2 Portionen:

- 650 g Pastinaken
- 1 Zweig Rosmarin
- Etwas Pfeffer
- 75 g ungeschälte Mandelkerne
- 3 Petersilie-Stiele
- 3 EL Olivenöl
- 1 EL flüssiger Honig
- Etwas Salz

Zubereitung:

Die Pastinaken putzen und halbieren.

Danach Öl und Rosmarin mit Honig vermischen, Salz und Pfeffer zugeben.

Mit dieser Paste die Pastinaken einölen und auf ein Backblech geben.

Den Backofen auf 200 Grad vorheizen und die Pastinaken für 20 Minuten in den Ofen schieben.

Hinweis: Dazu passt ein mageres Stück Fleisch.

REZEPTE FÜR PHASE 2

Beginnt die Phase 2 für Sie, dann befinden Sie sich jetzt in der sogenannten Stabilisierungsphase. Diese soll dabei helfen das Gewicht zu halten. Wie lange diese besondere Ernährungsphase bei Ihnen anhalten wird, das kommt auf die verlorenen Kilos in den ersten 2 bis 3 Wochen an. Haben Sie beispielsweise 5 Kilogramm verloren, dann sollte diese Phase 5 Wochen anhalten. Um Ihnen einen kleinen Vorgeschmack für die künftigen Wochen zu geben, habe ich für Sie die passenden Rezeptanregungen zusammengesucht.

FRÜHSTÜCK

Das Frühstück kann jetzt wieder wie eine normale Mahlzeit behandelt werden. Das bedeutet, Sie können sich genussvoll auf verschiedene Gerichte einlassen. Bedenken Sie nur, dass Sie in der Stabilisierungszeit als Frau 1200 Kalorien verzehren dürfen und als Mann 1500 Kalorien.

57. Maracuja-Skyr

238 kcal | Fett: 6 g | Kohlenhydrate: 24 g | Eiweiß: 18 g

Zubereitungszeit: 15 Minuten

Zutaten für 2 Portionen:

- 250 g Skyr
- 1 g Agavendicksaft
- 1 TL Speisestärke
- 3 Maracujas
- 1 große Orange
- ½ El Honig

Zubereitung:

Den Skyr mit dem Agavendicksaft in einer Schale mischen und in den Kühlschrank stellen.

Danach die Maracujas halbieren und das Fruchtfleisch herauslösen. Anschließend mit Speisestärke mischen.

Die Orange auspressen und mit dem Maracuja-Gemisch versehen.

Mit Honig versehen und in einem Topf 3 Minuten unter Rühren erhitzen. Danach mit dem Joghurt servieren.

Hinweis: Dieses Gericht lässt sich auch mit anderen Obst-Zutaten umsetzen.

58. Gefüllte Avocado

430 kcal | Fett: 28 g | Kohlenhydrate: 29 g | Eiweiß: 17 g

Zubereitungszeit: 15 Minuten

Zutaten für 2 Portionen:

- ½ Zitrone
- 10 g Rucola-Sprossen
- 2 Avocados
- 150 g Hüttenkäse fettreduziert
- Etwas Salz
- Etwas Pfeffer
- 1 Scheibe Low Carb Brot

Zubereitung:

Die Zitrone auspressen. Die Avocado halbieren und den Kern herauslösen.

Danach mit dem Zitronensaft beträufeln und die Mitte mit Hüttenkäse füllen.

Mit Salz, Pfeffer würzen und mit den Rucolasprossen bestreuen.

Mit dem Low Carb Brot bei Bedarf zusammen genießen.

Hinweis: Der Hüttenkäse bietet bei diesem Frühstück den ultimativen Eiweiß-Kick und die Avocado ausreichen Kalium, um einen entspannten Start zu genießen.

59. Hüttenkäse -Orangen Liebe

195 kcal | Fett: 5 g | Kohlenhydrate: 23 g | Eiweiß: 14 g

Zubereitungszeit: 15 Minuten

Zutaten für 2 Portionen:

- 6 Basilikumblätter
- 1 rosa Grapefruit
- 1 Orange
- 200 g Hüttenkäse

Zubereitung:

Die Zitrusfrüchte schälen und die Haut entfernen.

Danach in Scheiben schneiden.

Anschließend mit dem Hüttenkäse versehen und auf einem Teller mit Basilikum anrichten.

60. Avocado mit Lachsbeilage

295 kcal | Fett: 24 g | Kohlenhydrate: 5 g | Eiweiß: 14 g

Zubereitungszeit: 30 Minuten

Zutaten für 2 Portionen:

- 1 Avocado
- 1 TL Olivenöl
- 75 g Räucherlachs
- 2 Eier
- ¼ Zwiebel
- 1 Stiel Petersilie
- Etwas Salz
- Etwas Pfeffer

Zubereitung:

Den Backofen auf 200 Grad einstellen und eine Auflaufform mit Fett versehen.

Danach die Avocado aufschneiden und den Kern entfernen. Mit Öl bestreichen. Jetzt können Sie in die Kern-Aussparung ein Ei reingleiten lassen und mit Räucherlachs belegen.

Die Avocado in die Form geben und 20 Minuten bei 200 Grad backen lassen. In dieser Zeit die Zwiebel schälen und zerkleinern.

Die Petersilie zupfen und nach dem Backen der Avocado dort verteilen.

Mit Salz, Pfeffer würzen und mit Zwiebeln garnieren.

61. Melonen-Erdbeere-Salat

147 kcal | Fett: 1 g | Kohlenhydrate: 31 g | Eiweiß: 2 g

Zubereitungszeit: 30 Minuten

Zutaten für 2 Portionen:

- ½ Melone
- ½ Limette
- ½ Orange
- 1 El Ahornsirup
- 1 ½ Zweige Zitronenthymian
- 1 El Kokosblütenzucker
- 250 g Erdbeeren

Zubereitung:

Die Limette und Orange schälen, aufschneiden und den Saft auspressen. Den Saft mit Ahornsirup versehen und mischen.

Danach Erdbeeren und Melone klein schneiden und auf dem Teller anrichten. Zitronenthymian und Kokosblütenzucker mischen und stampfen.

Alles zusammen vermischen und auf die Erdbeeren und Melone geben. Einfach genießen.

62. Marinierte Mozzarella

260 kcal | Fett: 26 g | Kohlenhydrate: 2 g | Eiweiß: 4 g

Zubereitungszeit: 20 Minuten + Marinierzeit über Nacht

Zutaten für 6 Portionen:

- 150 g Mozzarella-Kugeln (mini)
- 3 Rosmarinzweige
- 3 Thymianstiele
- 2 Knoblauchzehen
- ½ Zitrone
- Etwas Salz
- Etwas Pfeffer
- ¼ l Olivenöl
- 200 g Kirschtomaten
- 3 El Balsamico Essig
- 4 Basilikumstiele

Zubereitung:

Die Gewürze abzupfen und mischen.

Die Zitronenschale abreiben, den Knoblauch hacken.

Die Mozzarellakugeln mit dem Öl dem Kräutergemisch und der Zitronenschale über Nacht marinieren.

Am nächsten Tag mit Kirschtomaten und Balsamico Essig anrichten.

Hinweis: Perfekt zum Vorbereiten, wenn es mal wieder schnell gehen muss.

63. Tomaten Avocado Salat als Brotbeilage

350 kcal | Fett: 33 g | Kohlenhydrate: 8 g | Eiweiß: 4 g

Zubereitungszeit: 20 Minuten

Zutaten für 2 Portionen:

- 2 TL Sesamsaat
- 400 g Tomaten
- 1 Avocado
- 4 Basilikumstiele, gehackt
- Etwas Salz
- Etwas Pfeffer
- 2 El Weißweinessig
- 4 El Olivenöl

Zubereitung:

Die Avocado entkernen und das Fruchtfleisch klein schneiden.

Danach die Tomaten zerkleinern und mit der Avocado mischen.

Beides zusammen in eine Schale geben und mit den anderen Zutaten zusammenfügen.

64. Kräuter-Zucchini Aufstrich

165 kcal | Fett: 4 g | Kohlenhydrate: 21 g | Eiweiß: 9 g

Zubereitungszeit: 25 Minuten

Zutaten für 2 Portionen:

- Etwas Salz
- Etwas Pfeffer
- 1 Minzestiel, gehackt
- 2 Petersilienstiele, gehackt
- 100 g Zucchini
- 1 El Mineralwasser mit Co2
- 50 g Magerquark
- 1 El Pinienkerne

Zubereitung:

Die Kerne in einer Pfanne ohne Fett rösten. Anschließend abkühlen lassen.

Danach Quark mit Wasser mischen. Die Zucchini in dünne Stifte schneiden oder raspeln. Anschließend zum Quark zugeben.

Die Kräuter klein hacken und unter den Quark geben.

Die Pinienkerne hacken und unterheben.

65. Bunter Brotaufstrich aus Quark

160 kcal | Fett: 1 g | Kohlenhydrate: 26 g | Eiweiß: 11 g

Zubereitungszeit: 20 Minuten

Zutaten für 2 Portionen:

- 200 g Gurke
- 80 g Magerquark
- 4 EL Mineralwasser mit Co2
- Etwas Salz
- Etwas Pfeffer
- 2 Möhren
- 4 Radieschen

Zubereitung:

Die Gurke schälen und raspeln.

Danach die Möhren schälen und raspeln. Die Radieschen waschen und sehr fein würfeln.

Anschließend den Quark mit Mineralwasser versetzen und mit den anderen Zutaten unterheben.

Hinweis: Lecker mit Gemüsesticks als Alternative.

66. Tomatenaufstrich

135 kcal | Fett: 10 g | Kohlenhydrate: 8 g | Eiweiß: 5 g

Zubereitungszeit: 25 Minuten

Zutaten für 3 Portionen:

- 50 g getrocknete Tomaten in Öl
- 50 g Sonnenblumenkerne
- 2 El Olivenöl
- ½ Handvoll Basilikum
- ½ Prise Rohrzucker
- Etwas Salz
- Etwas Puffer
- 4 EL Wasser

Zubereitung:

Die Tomaten abtropfen lassen und zusammen mit den anderen aufgeführten Zutaten mischen.

Am besten eignet sich ein Mixer oder Pürierstab.

Alles solange vermischen bis die gewünschte Konsistenz erreicht ist.

Noch etwas nachwürzen und genießen.

67. Brotaufstrich aus Möhren

125 kcal | Fett: 5 g | Kohlenhydrate: 15 g | Eiweiß: 5 g

Zubereitungszeit: 20 Minuten

Zutaten für 2 Portionen:

- Etwas Pfeffer
- Etwas Salz
- ½ TL Zitronensaft
- ½ Msp. Kreuzkümmel
- ½ Msp. Koriander
- ½ Handvoll Rucola
- 75 g Ricotta
- ½ El Zuckerersatz
- 250 g Möhren

Zubereitung:

Die Möhren schälen, klein schneiden und in wenig Salzwasser mit Zucker weichkochen.

Danach die Möhren mit 3 El Kochwasser im Mixer pürieren und anschließend abkühlen lassen.

Danach den Ricotta zugeben und den gewaschen Rucola unterheben.

Mit den Gewürzen versehen und nochmals bei Bedarf pürieren.

Hinweis: Den Brotaufstrich kann man auch mit einen Omelette genießen.

68. Zucchinibrot

144 kcal | Fett: 11 g | Kohlenhydrate: 5 g | Eiweiß: 5 g

Zubereitungszeit: 120 Minuten

Zutaten für 1 Leib (18 Scheiben):

- 1 Tasse geraspelte Zucchini
- 4 Eier
- ½ Tasse Kokosmehl
- ¾ TL Backpulver
- 3 EL Ahornsirup
- 1 pürierte Banane
- 1 EL Kokosöl
- ½ TL Salz
- 1 EL Zimt
- ½ Tasse gemahlene Walnüsse
- ½ TL Muskatnuss
- 1 TL Apfelessig

Zubereitung:

Eine Kastenform mit Backpapier auskleiden und den Ofen auf 170 Grad einstellen.

Danach alle Zutaten zusammenmischen und in die Kastenform geben.

Anschließend das Brot 50 Minuten backen.

69. Super-Brot

144 kcal | Fett: 12 g | Kohlenhydrate: 3 g | Eiweiß: 5 g

Zubereitungszeit: 230 Minuten

Zutaten für 1 Leib (18 Scheiben):

- 80 g Haselnusskerne
- 35 g Walnusskerne
- 70 g Mandelmehl
- 70 g Leinsamen
- 50 g Sonnenblumenkerne
- 4 EL Flohsamenschalen
- 2 El Chiasamen
- 1 ½ TL Salz
- 2 El Rapsöl
- 1 El Ahornsirup
- 50 g Hanf-Samen

Zubereitung:

Eine Kastenform mit Backpapier auslegen und den Ofen auf 200 Grad vorheizen.

Danach alle Kerne hacken und mit den restlichen Zutaten mischen.

Jetzt den Teig 2 Stunden im Kühlschrank gehen lassen.

Danach den Teig in die Kastenform geben und bei 200 Grad Umluft 25 Minuten backen.

Zum Schluss noch mit Wasser bestreichen und nochmals 20 Minuten backen.

70. Oopsies-Brotalternative

80 kcal | Fett: 6 g | Kohlenhydrate: 1 g | Eiweiß: 5 g

Zubereitungszeit: 25 Minuten

Zutaten für 8 Portionen:

- 3 Eier
- 60 g Magerquark
- 60 g Frischkäse
- 2 El Sesamsamen

Zubereitung:

Den Ofen auf 170 Grad vorheizen.

Die Eier auftrennen und das Eigelb mit dem Quark mischen. Danach den Frischkäse unterheben.

Das Eiweiß steifschlagen und unter die Eigelbmasse heben.

Die fertigen Massen auf einem Backblech mit Backpapier in Fladenform verteilen und 20 Minuten im Ofen ausbacken.

Hinweis: Dazu passen die vielen Aufstriche oder ein bisschen Quark mit Kräutern.

71. Eiweißbrot

70 kcal | Fett: 4 g | Kohlenhydrate: 3 g | Eiweiß: 5 g

Zubereitungszeit: 90 Minuten

Zutaten für 1 Leib (18-20 Scheiben):

- 100 g geschrotete Leinsamen
- 2 EL Dinkel-Vollkornmehl
- 1 Pck. Backpulver
- 100 g gemahlene Mandel
- 50 g Weizenkleie
- 1 TL Salz
- 300 g Magerquark
- 6 Eiweiß

Zubereitung:

Den Backofen auf 175 Grad vorheizen und alle Zutaten miteinander vermischen.

Den Teig kurz gehen lassen und in eine Kastenform, ausgelegt mit Backpapier geben.

Das Brot 50 Minuten bei 175 Grad Umluft backen.

MITTAGESSEN-HAUPTSPEISEN

Das Mittagessen kann nun wieder umfangreicher gestaltet werden. Neben Salat und Suppe sind nun auch kleinere Mahlzeiten sinnvoll. Dabei sind die 1200 Kalorien bzw. die 1500 Kalorien am Tag zu beachten.

72. Rindfleischspieße mit Spargel

498 kcal | Fett: 11 g | Kohlenhydrate: 26 g | Eiweiß: 11 g

Zubereitungszeit: 130 Minuten

Zutaten für 2 Portionen:

- 300 g Rinderfilet
- ½ TL Sumach
- 250 g Zucchini
- 300 g grüner Spargel
- 1 Msp. Pul Biber
- 3 EL Olivenöl
- ½ Granatapfel
- Etwas Salz
- Etwas Pfeffer
- 1 EL Pinienkerne

Zubereitung:

Sumach und Pul Biber mit Öl mischen.

Das Fleisch in mundgerechte Stücken teilen und anschließend auf Holzspieße aufstecken.

Mit der gerade eben zubereiteten Mischung bestreichen und die Spieße in eine Auflaufform geben.

Den Granatapfel auspressen und den Saft in einem Topf zu einem Sirup einkochen, später den Saft mit Salz und Pfeffer würzen.

Die Pinienkerne in einer fettlosen Pfanne rösten.

Zucchini und Spargel reinigen und beide zusammen in Stifte schneiden. Danach auf einer Grillpfanne anbraten.

Die Auflaufform mit den Spießen für 30Minuten bei 200 Grad Umluft braten.

Zum Schluss mit der Soße und den Kernen anrichten.

73. Pilzsalat mit Feta

250 kcal | Fett: 18 g | Kohlenhydrate: 7 g | Eiweiß: 17 g

Zubereitungszeit: 40 Minuten

Zutaten für 4 Portionen:

- 600 g gemischte frische Pilze
- 2 Zucchini
- Etwas Salz
- Etwas Pfeffer aus der Mühle
- 200 g gewürfelter Feta
- 1 Bund Schnittlauch
- 2 EL Olivenöl
- 2 EL weißer Balsamessig
- 3 rote Knoblauchzehen
- 1 Schalotte
- 3 Frühlingszwiebeln

Zubereitung:

Knoblauch und Zwiebel pellen und in Scheiben schneiden. Die Pilze putzen und kleinschneiden. Die Zucchini nach dem Waschen in Würfel schneiden.

Frühlingszwiebeln und Schnittlauch in Ringe teilen. Diese Zutaten in einer Pfanne mit Öl scharf braten.

Danach mit Essig löschen und würzen.

Mit Salz und Pfeffer nicht vergessen zu würzen, danach den Feta in die Pfanne krümeln.

74. Gebackene Aubergine

146 kcal | Fett: 8 g | Kohlenhydrate: 15 g | Eiweiß: 2 g

Zubereitungszeit: 30 Minuten

Zutaten für 2 Portionen:

- 600 g Auberginen
- Etwas Salz
- 1 Granatapfel
- 10 g Petersilie
- 1 Knoblauchzehe
- 3 EL Olivenöl
- 1 EL Balsamessig

Zubereitung:

Die Auberginen halbieren und mit Salz bestreuen.

Danach 10 Minuten ziehen lassen. In dieser Zeit den Granatapfel halbieren und Kerne herauslösen. Die Petersilie waschen und hacken. Den Knoblauch pellen und ebenfalls hacken. Beides mit 2 EL Öl vermischen.

Nun die Auberginenhälften mit dem Öl bestreichen und diese auf ein Backblech bei 170 Grad 10 Minuten backen. Alternativ kann man die Auberginen auf den Grill legen.

Danach die Auberginen aus dem Ofen nehmen und mit den Kernen des Granatapfels bestücken.

Balsamessig zugeben und servieren.

Hinweis: Dazu passt ein Salat aus diesem Buch.

75. Gedünsteter Fisch mit Gemüse

100 kcal | Fett: 2 g | Kohlenhydrate: 5 g | Eiweiß: 13 g

Zubereitungszeit: 30 Minuten

Zutaten für 2 Portionen:

- 2 Schalotten
- 1 Fenchelknolle
- 120 g Möhren
- 140 g Pangasius Filet
- 4 Petersilienstiele
- 6 EL klassische Gemüsebrühe
- Etwas Salz
- Etwas Pfeffer
- 1 Limette

Zubereitung:

Schalotten schälen und klein schneiden. Die Möhren und den Fenchel putzen und in dünne Stifte teilen.

Das Gemüse mit den Zwiebeln in einer Pfanne mit etwas Öl braten und mit Brühe ablöschen.

Mit Salz und Pfeffer würzen und kurz aufkochen lassen. Das Fischfilet zugeben und die Pfanne mit einem Deckel verschließen.

10 Minuten garen lassen und in dieser Zeit die Limette auspressen.

Vor dem Servieren den Limettensaft zugeben und mit Petersilien garnieren.

Hinweis: Wenn es der Tagesplan zulässt, können von diesem Gericht auch 2 Portionen eingeplant werden.

76. Honig Tomaten aus dem Ofen

232 kcal | Fett: 18 g | Kohlenhydrate: 10 g | Eiweiß: 8 g

Zubereitungszeit: 30 Minuten

Zutaten für 2 Portionen:

- 250 g Fleischtomate
- 1 EL Balsamessig
- 125 g Kirschtomaten
- ½ Handvoll Minze
- 20 g Pistazien
- ½ EL flüssiger Honig
- ½ EL Olivenöl
- Etwas Salz
- 1 Kugel Burrata (italienischer Käse)

Zubereitung:

Die Fleischtomaten waschen und halbieren.

Danach mit der Schnittfläche nach oben in die Auflaufform geben. In einer Schale Honig, Balsamessig, Öl und etwas Salz mischen und die Tomaten damit bepinseln.

Den Backofen auf 200 Grad vorheizen und die Auflaufform 20 Minuten in den Ofen schieben.

Die Minze waschen und grob hacken. Danach die Pistazien grob hacken und den Käse zerpflücken.

Die Tomaten aus dem Ofen nehmen und die vorbereiteten Zutaten darüber verteilen.

77. Garnelenpfanne mit Radieschen

254 kcal | Fett: 13 g | Kohlenhydrate: 10 g | Eiweiß: 24 g

Zubereitungszeit: 30 Minuten

Zutaten für 2 Portionen:

- 400 g Knollensellerie
- Etwas Salz
- Etwas Pfeffer
- 50 ml Milch (1,5 % Fett)
- 20 g Petersilie
- 1 Schalotte
- 1 Bund Radieschen
- 200 g Garnelen (küchenfertig)
- 10 g Dill
- 2 EL Olivenöl
- 1 TL Zitronensaft

Zubereitung:

Den Sellerie waschen und klein schneiden.

Danach in Salzwasser 10 Minuten garen. Die Radieschen putzen und kleinschneiden. Die Schalotten pellen und würfeln.

Öl in einer Pfanne erhitzen, die Garnelen zugeben und 10 bis 15 Minuten braten. Die Garnelen herausnehmen und in dem Öl die Schalotten und Radieschen braten.

Nach 5 Minuten Garnelen, Dill und Zitronensaft zugeben, salzen und pfeffern. Den Sellerie in kleine Stücke schneiden und gar kochen. Das Kochwasser abgießen.

Zum Sellerie Milch, etwas Öl zugeben und pürieren. Petersilien hacken und unter das Püree geben.

Anschließend Alles zusammen auf einem Teller anrichten.

78. Hackfleischtopf mit Lauch

216 kcal | Fett: 9 g | Kohlenhydrate: 7 g | Eiweiß: 24 g

Zubereitungszeit: 20 Minuten

Zutaten für 4 Portionen:

- 1 Stange Lauch
- 2 Auberginen
- 1 EL Rapsöl
- 3 EL helle Sojasauce
- 150 ml Gemüsebrühe
- 400 g Beefsteakhack
- 4 Knoblauchzehen
- 10 g Ingwer
- 1 rote Chilischote
- 1 Msp. 5-Gewürze-Mischung
- Etwas Salz

Zubereitung:

Den Lauch gründlich putzen und in Ringe schneiden. Den Knoblauch pellen und in Scheiben schneiden.

Danach den Ingwer schälen und fein hacken. Den Chili waschen und fein hacken. Danach die Aubergine waschen und in Würfelchen schneiden.

Öl in einer Pfanne oder einem Wok erhitzen und die Auberginenwürfel darin 5 Minuten braten. Lauch, Ingwer, Chili und das Beefsteakhack zugeben.

Unter Rühren krümelig braten und alles mit den restlichen Zutaten würzen.

79. Seeteufelschnitzel

240 kcal | Fett: 12 g | Kohlenhydrate: 6 g | Eiweiß: 22 g

Zubereitungszeit: 35 Minuten

Zutaten für 2 Portionen:

- 14 Kirschtomaten
- ½ Zitrone
- ½ Orange
- 25 g Kapern aus dem Glas
- Etwas Salz
- Etwas Pfeffer
- 125 ml Fischfond
- 1 Schalotte
- 4 Petersilienstiele
- 275 g Seeteufelfilet
- 1 TL Koriandersamen
- 5 schwarze Pfefferkörner
- 2 EL Olivenöl

Zubereitung:

Die Tomaten waschen und halbieren. Die Kapern aus dem Glas nehmen und hacken.

Orange und Zitrone getrennt auspressen. Die Schalotte pellen und würfeln.

Danach den Fisch waschen, trocken tupfen und in Streifen schneiden. Die Koriandersamen und Pfefferkörner zerdrücken und auf einen Teller geben. Die Fischstücke in den Gewürzen wenden.

Öl in einer beschichteten Pfanne erhitzen und dort den Seeteufel braten.

Herausnehmen mit Salz und Pfeffer würzen und mit Zitronensaft beträufeln.

Die Tomaten und Schalottenwürfel in der Pfanne erhitzen und mit Zitronensaft und Fischfond ablöschen. Kapern zugeben und kurz erhitzen.

Anschließend die Petersilie zugeben und alles vermischen.

80. Gemüse Curry

381 kcal | Fett: 32 g | Kohlenhydrate: 9 g | Eiweiß: 14 g

Zubereitungszeit: 40 Minuten

Zutaten für 4 Portionen:

- 1 Schalotte
- 1 Knoblauchzehe
- 150 g Tofu
- 2 EL Kokosöl
- 1 TL Kurkumapulver
- 10 g Ingwer
- 300 g Auberginen
- 1 TL Currypulver
- 150 ml Gemüsebrühe
- Etwas Salz
- Etwas Pfeffer
- 30 g Erdnusskern
- 10 g Koriandergrün
- 300 ml Kokosmilch
- 2 EL Limettensaft
- 1 Chilischote
- 200 g Blumenkohl
- 200 g Baby-Spinat
- 1 TL Garam Masala
- 1 EL Erdnussöl

Zubereitung:

Knoblauch, Schalotten, Ingwer pellen und fein hacken. Danach die Aubergine putzen und würfeln. Tofu nach dem Abtropfen in Würfel schneiden.

In einem Topf das Kokosöl erhitzen, den Knoblauch, Ingwer und die Schalotten in den Topf geben. Die Zutaten andünsten und danach die Auberginenwürfel und den gewürfelten Tofu zugeben. Currypulver, Kurkumapulver, Garam Masala zugeben und den Spinat zufügen.

Spinat zusammenfallen lassen und mit Gemüsebrühe ablöschen. Anschließend Kokosmilch zugeben und alles 10 Minuten kochen lassen. Salz und Pfeffer sowie Limettensaft zugeben.

Den Koriander waschen, hacken und die Erdnüsse grob zerkleinern. Die Chilischote putzen und in Ringe schneiden. Der Blumenkohl kann gereinigt und mit der Küchenmaschine zerkleinern werden, bis er Reisgröße erreicht hat.

In einer Pfanne Erdnussöl erhitzen und den blumenkohlreis darin braten. Den Limettensaft zugeben und mit Salz und Pfeffer würzen. Den Reis auf Schalen aufteilen und mit dem Gemüse versehen.

Zum Abschluss Erdnüsse, Koriander und Chiliringe zugeben.

81. Brokkolisalat mit Ziegenkäse

230 kcal | Fett: 17 g | Kohlenhydrate: 9 g | Eiweiß: 13 g

Zubereitungszeit: 30 Minuten

Zutaten für 4 Portionen:

- 800 g Brokkoli
- 1 Schalotte
- 2 EL Balsamessig
- Etwas Salz
- Etwas Pfeffer
- 20 g Petersilie
- 2 Minzestiele
- 3 EL Olivenöl
- 150 g Ziegenkäse
- 2 EL Pinienkerne

Zubereitung:

Den Brokkoli reinigen und bissfest in Salzwasser kochen. Für das Dressing die Minze und die Petersilie hacken.

Die Schalotte schälen und fein hacken. Die Kräuter, Schalotte, das Öl und den Balsamessig vermengen und zu einem Dressing verarbeiten. Den Käse dazugeben.

Jetzt die Kerne in einer Pfanne rösten und danach abkühlen lassen. Den Brokkoli abgießen und abtropfen lassen.

Danach auf vier Teller aufteilen und mit dem Dressing vermischen.

82. Rosenkohl Salat

240 kcal | Fett: 13 g | Kohlenhydrate: 8 g | Eiweiß: 22 g

Zubereitungszeit: 30 Minuten

Zutaten für 4 Portionen:

- 800 g Rosenkohl
- 10 g Meerrettich
- 1 EL Zitronensaft
- Etwas Salz
- 1 Zwiebel
- 2 EL Traubenkernöl
- 250 g Räucherlachs-Scheiben
- 2 Dillstiele

Zubereitung:

Den Rosenkohl waschen und den Stielansatz einschneiden. Den Kohl danach in Salzwasser 10 Minuten kochen.

Anschließend die Zwiebel pellen und in Ringe schneiden. In der Pfanne Öl erhitzen und den Rosenkohl von allen Seiten anbraten.

Danach die Zwiebelringe zugeben und mitbraten. In einer Schale den Kohl, die Ringe und den Fisch vermischen. Kräuter dazugeben und den Meerrettich in die Schale reiben.

Anschließend Zitronensaft verteilen.

83. Gemüse-Tomaten Suppe

280 kcal | Fett: 8 g | Kohlenhydrate: 24 g | Eiweiß: 27 g

Zubereitungszeit: 30 Minuten

Zutaten für 4 Portionen:

- 400 g Tomatenpüree
- 1 Zitrone
- 1 TL Honig
- 10 g Petersilie
- 2 Möhren
- 200 g mehligkochende Kartoffeln
- 600 ml Geflügelbrühe
- 2 rote Paprikaschoten
- 200 g Kichererbsen aus der Dose
- 4 Frühlingszwiebeln
- 250 g Hähnchenbrustfilet
- Etwas Salz
- Etwas Chilipulver

Zubereitung:

Das Tomatenpüree in einem Topf aufkochen lassen. Möhren und Kartoffeln schälen und klein schneiden.

Danach die Paprika klein schneiden und die Frühlingszwiebeln in Ringe teilen. Das Huhn abspülen und in Würfel schneiden.

Danach diese Zutaten in den Topf geben und die Kichererbsen folgen lassen.

15 Minuten den Topfinhalt köcheln lassen bevor die restlichen Zutaten zugefügt werden.

84. Zucchinipuffer

280 kcal | Fett: 13 g | Kohlenhydrate: 27 g | Eiweiß: 13 g

Zubereitungszeit: 30 Minuten

Zutaten für 2 Portionen:

- 1 Zwiebel
- 1 Knoblauchzehe
- 3 EL Olivenöl
- 800 g Zucchini
- Etwas Salz
- Etwas Pfeffer
- 3 Eier
- 8 EL Dinkel-Vollkornmehl
- 2 EL Vollkorn-Semmelbrösel

Zubereitung:

Die Zwiebel und den Knoblauch pellen und in Würfel schneiden.

Anschließend mit Öl in der Pfanne braten. Nach gewünschter Bräunung die Pfanne vom Herd nehmen.

Die Zucchini putzen und raspeln. Danach mit Salz bestreuen und 10 Minuten stehen lassen.

Anschließend ausdrücken und die Zucchini-Raspel mit den Zutaten vermischen, die angegeben sind.

Zum Schluss Öl in der Pfanne erhitzen und die Puffermasse in Klecksen darin braten.

85. Gewürz -Blumenkohl

151 kcal | Fett: 8 g | Kohlenhydrate: 10 g | Eiweiß: 8 g

Zubereitungszeit: 40 Minuten

Zutaten für 4 Portionen:

- 4 Knoblauchzehen
- 3 frische Lorbeerblätter
- ½ TL Schwarzkümmel
- ½ TL Koriandersamen
- 1 TL Kurkumapulver
- 2 EL Zitronensaft
- 3 EL Olivenöl
- Etwas Salz
- Etwas Pfeffer
- 10 g Petersilie
- 1 kg Blumenkohl
- 250 g Kirschtomaten
- 4 Schalotten

Zubereitung:

Schalotten, Knoblauch pellen und kleinschneiden. Danach den Blumenkohl waschen und die Röschen vom Strunk entfernen. Tomaten waschen und halbieren.

Diese Zutaten in eine Auflaufform geben und mit Lorbeer versehen. Danach den Kümmel, Koriander zerdrücken und mit Kurkuma und Zitronensaft mischen.

Öl zugeben und alles zu einer Soße verarbeiten. Das Öl über den Blumenkohl geben und mit Salz und Pfeffer würzen.

Den Backofen auf 180 Grad vorheizen und die Auflaufform hineingeben.

Den Blumenkohl 25 Minuten backen.

Danach mit Petersilie garnieren.

86. Rosenkohl mit Speckmantel

193 kcal | Fett: 2 g | Kohlenhydrate: 11 g | Eiweiß: 32 g

Zubereitungszeit: 40 Minuten

Zutaten für 2 Portionen:

- 10 Scheiben Putenspeck
- 1 EL Ahornsirup
- 10 Rosenkohlröschen

Zubereitung:

Ein Backblech mit Alufolie auslegen.

Danach den Rosenkohl putzen und jedes Röschen mit einer Scheibe Speck umwickeln.

Danach mit den Ahornsirup bepinseln.

Den Backofen auf 200 Grad vorheizen und die Röschen auf das Backblech legen.

Anschließend 30 Minuten backen.

Hinweis: Dazu passt Fisch oder ein Salat.

87. Auberginen Auflauf mit Pilzen

340 kcal | Fett: 28 g | Kohlenhydrate: 11 g | Eiweiß: 14 g

Zubereitungszeit: 90 Minuten

Zutaten für 4 Portionen:

- 1 Knoblauchzehe
- 3 EL Apfelessig
- 9 EL Olivenöl
- Etwas Salz
- Etwas Pfeffer
- 2 Cornichons
- 5 g Petersilie
- 2 Zitronen
- 2 Auberginen
- 1 EL Senf
- 2 EL Essig
- 4 Minzestiele
- 4 Korianderstiele
- 150 g Champignons
- 250 g Tofu
- 1 TL Kurkumapulver
- 1 gestr. TL Currypulver
- 4 EL Mangosaft
- 30 g Granatapfelkerne
- 5 g heller Sesam

Zubereitung:

Im ersten Arbeitsschritt wird die Kräutersoße hergestellt. Dafür sollten Sie den Knoblauch pellen und hacken.

Anschließend die Cornichons zerkleinern. Die Kräuter der Zutatenliste reinigen und hacken. Diese Zutaten in eine Schale geben und mit Essig, 6 EL Öl vermischen. Für eine bessere Soße einfach den Stabmixer ansetzen und die Soße pürieren. Jetzt die Pilze putzen. Den Tofu in Würfel schneiden und abwechselnd mit den Pilzen auf einen Spieß schieben. Die Spieße mit Öl bepinseln.

Danach die Zitrone auspressen. Auberginen waschen und in Scheiben schneiden. Leicht mit Salz bedecken und 10 Minuten ziehen lassen. In dieser Zeit von 10 Minuten den Senf mit dem Essig, dem Kurkuma und dem Curry mischen und aufschlagen. 1 El Öl zugeben und den Mangosaft unterheben. Die Senfsoße mit Salz und Pfeffer sowie etwas Zitronensaft abschmecken.

Die Spieße nun auf eine Grillpfanne oder direkt auf den Grill legen und zubereiten. Die Auberginen folgen lassen und mitgrillen. Abschließend die Pilz-Spieße mit der Kräutersoße bestreichen und mit der Senfsoße anrichten. Die Auberginen zustellen und nebenbei snacken.

88. Hähnchen-Pilz Spieße

100 kcal | Fett: 2 g | Kohlenhydrate: 2 g | Eiweiß: 20 g

Zubereitungszeit: 25 Minuten

Zutaten für 2 Portionen:

- 2 rote Chilischoten
- 160 g Hähnchenbrustfilet
- 1 Bund Koriander
- 1 TL Olivenöl
- Etwas Salz
- 200 g kleine Champignons

Zubereitung:

Die Chilischote aufschneiden, entkernen und fein hacken und in einer kleinen Schale mit Öl mischen.

Die Champions putzen und anschließend das Fleisch klein schneiden.

Danach Pilze und Fleisch auf die Spieße schieben und mit dem Öl bestreichen.

Die Spieße braten und mit Koriander würzen.

Hinweis: Dazu schmeckt ein Beilagensalat.

89. Zitronen-Hähnchen

353 kcal | Fett: 12 g | Kohlenhydrate: 11 g | Eiweiß: 43 g

Zubereitungszeit: 80 Minuten

Zutaten für 4 Portionen:

- 4 Zitronen
- 600 g Hähnchenbrustfilet
- 1 ½ kg grüner Spargel
- 14 Zitronenthymian-Zweige
- 4 EL Olivenöl
- Etwas Salz
- Etwas Pfeffer

Zubereitung:

Zwei Zitronen abwaschen und auspressen. Bei den anderen Zitronen die Schale einfach abreiben.

Danach den Thymian waschen und hacken. Für die Marinade nun in einer Schale 4 EL Zitronensaft mit 2 EL Öl und den Thymianblätter vermischen. Salz und Pfeffer zugeben. Das Huhn in dieser Marinade einlegen und 1 Stunden in den Kühlschrank stellen.

Anschließend Spargel waschen und 7 Minuten in Salzwasser kochen. Für das Dressing Öl mit Zitronensaft mischen.

Das Huhn nun auf den Grill oder in die Pfanne legen und nach 5 Minuten auf dem Spargel servieren.

Das Dressing zugeben und mit Zitronenabrieb garnieren.

Hinweis: Dazu schmeckt ein Beilagensalat.

ABENDESSEN-HAUPTSPEISEN

Das Abendessen kann aus einem leckeren Steak, einem Salat oder einer beliebigen Nudelalternative bestehen. Zucchini und Möhren machen sich perfekt als Alternative. Aber auch andere Gerichte mit rund 500 Kalorien sind optimal. Wollen Sie einen kleinen Vorgeschmack? Dann blättern Sie jetzt durch diese Rezepte.

90. Zucchininudeln mit Avocadopesto

208 kcal | Fett: 15 g | Kohlenhydrate: 9 g | Eiweiß: 8 g

Zubereitungszeit: 20 Minuten

Zutaten für 2 Portionen:

- 1 reife Avocado
- 50 g Feta
- 4 Zucchini
- 2 EL Olivenöl
- 1 Bund Basilikum
- 2 Tomaten
- 2 EL Zitronensaft
- Etwas Salz
- Etwas Pfeffer
- 1 Prise Chiliflocken

Zubereitung:

Für das Pesto die Avocado entkernen und das Fruchtfleisch in ein hohes Gefäß geben.

Danach das Basilikum zugeben und die Tomaten putzen. Davon die Hälfte mit in das Gefäß geben. Zitronensaft, 3 El Wasser und Chiliflocken pürieren.

Die Zucchini putzen in Nudelform bringen und in einer Pfanne mit Öl braten.

Mit Salz und Pfeffer würzen. Tomaten zugeben und den Feta darüberstreuen.

Anschließend mit dem Pesto servieren.

91. Konjaknudeln mit Garnelen

244 kcal | Fett: 15 g | Kohlenhydrate: 9 g | Eiweiß: 15 g

Zubereitungszeit: 30 Minuten

Zutaten für 3 Portionen:

- 500 g Konjaknudeln
- 250 g Garnelen (küchenfertig)
- 2 EL Zitronensaft
- 150 ml Gemüsebrühe
- 200 ml Kokosmilch
- 400 g Keniabohne
- 1 EL Kokosöl
- 2 TL gemahlene Kurkuma
- 2 Msp. gemahlener Kreuzkümmel
- 2 Stiele Koriander
- 1 kleine rote Chilischote
- Etwas Salz
- Etwas Pfeffer
- 1 Prise Zimt
- 1 Msp. Paprikapulver
- 50 ml Maracujasaft

Zubereitung:

Die Nudeln alle in eine Schüssel geben und mit heißem Wasser übergießen und ruhen lassen. In dieser Zeit die Garnelen abwaschen und trocken.

Den Koriander hacken, die Chili entkernen und fein hacken. Anschließend die Bohnen putzen und in Stücke teilen.

Öl in einer geeigneten Pfanne erhitzen und die Garnelen 3 Minuten braten. Pfeffer, Salz, Kurkuma und Zimt, Kümmel, Zitronensaft, Maracujasaft, Gemüsebrühe aufgießen und aufkochen. Die Kokosmilch zugeben.

Nun die vorbereiteten Zutaten (Bohnen, Koriander) zufügen. Alles 10 Minuten kochen lassen.

Mit den Gewürzen abschmecken und die Nudeln abgießen und in die Soße legen.

Hinweis: Konjaknudeln sind kohlenhydratarm und lassen sich deswegen perfekt verwenden.

92. Gegrillte Schachlikspieße

189 kcal | Fett: 5 g | Kohlenhydrate: 5 g | Eiweiß: 29 g

Zubereitungszeit: 20 Minuten

Zutaten für 4 Portionen:

- 500 g Schweinefilet
- 3 Paprikaschoten
- 4 flache Schalotten
- Etwas Salz
- Etwas Pfeffer
- 1 EL Öl

Zubereitung:

Die Paprika entkernen und in große Würfel schneiden. Das Fleisch ebenfalls in Würfel schneiden. Die Schalotten halbieren.

Nun Die Zutaten nacheinander und nach Wunsch auf Spieße schieben.

Mit Öl bestreichen, mit Salz und Pfeffer würzen.

Danach auf den Grill legen oder auf die Grillpfanne.

Hinweis: Dazu passen verschiedenen Salate.

93. Pastinakennudeln mit Lamm

287 kcal | Fett: 11 g | Kohlenhydrate: 17 g | Eiweiß: 27 g

Zubereitungszeit: 30 Minuten

Zutaten für 4 Portionen:

- 700 g Pastinaken
- 25 g geröstete Sesamsamen
- 1 Kästchen Kresse
- 400 g Spinat
- Etwas Pfeffer
- 400 g Lammfilet
- 2 TL Olivenöl
- Etwas Salz

Zubereitung:

Die Pastinaken waschen und schälen. Danach die Pastinaken in dünne Streifen schneiden. Das funktioniert am besten mit dem Spiralschneider.

Diese in einer Pfanne mit Öl versenken und 4 Minuten braten. Danach mit 3 EL Wasser ablöschen und 5 Minuten dünsten.

Anschließend den Spinat zugeben und 3 Minuten mitdünsten. Salz und Pfeffer auf das Gericht streuen.

Das Lamm abspülen und in eine Pfanne mit heißen Öl von allen Seiten braten.

Danach mit Salz und Pfeffer versehen und mit den Pastinaken anrichten. Kresse und Sesam darüber geben.

94. Hähnchenfleisch Asia Art

270 kcal | Fett: 8 g | Kohlenhydrate: 10 g | Eiweiß: 37 g

Zubereitungszeit: 140 Minuten

Zutaten für 4 Portionen:

- 600 g Hähnchenbrustfilet
- 1 Knoblauchzehe
- 15 g Ingwer
- 1 rote Chilischote
- 3 EL chinesischer Reiswein
- 4 EL helle Sojasauce
- 2 TL brauner Zucker
- 80 g Shiitakepilze
- 2 EL Rapsöl
- 2 TL Sesamöl
- 100 ml Geflügelbrühe
- Etwas Salz
- Etwas Pfeffer
- 5 Frühlingszwiebeln
- 240 g Römersalatherz

Zubereitung:

Das Huhn waschen und kleinschneiden. Das Fleisch mit Reiswein, Sojasoße und Sesamöl marinieren. Das Fleisch 2 Stunden in den Kühlschrank stellen.

Für die Würzsoße brauchen Sie Geflügelbrühe, etwas Reiswein, etwas Sojasoße, Sesamöl und Zucker. Alles unterrühren vermischen.

Nun den Knoblauch und den Ingwer schälen und hacken. Die Pilze und Frühlingszwiebeln fein schneiden.

Öl in einer Pfanne erhitzen und Zwiebeln, Knoblauch, Ingwer und Chili in die Pfanne geben. Danach alles 20 bis 30 Sekunden anbraten.

Hühnchen zugeben und nochmals 10 Minuten braten. Danach mit der Würzsoße ablöschen.

Salatblätter vorbereiten. Das Gericht mit Salz und Pfeffer würzen und auf dem Salatblatt anrichten.

95. Perlhuhn gebräunt

186 kcal | Fett: 4 g | Kohlenhydrate: 9 g | Eiweiß: 27 g

Zubereitungszeit: 90 Minuten

Zutaten für 4 Portionen:

- 1 Knoblauchzehe
- 1 Rosmarinzweige
- 1 Thymianzweige
- 200 g Rote Bete
- 1 Bund Frühlingszwiebeln
- 400 g kleine Perlhuhnbrust
- Etwas Salz
- Etwas Pfeffer
- 2 TL Rapsöl
- 200 g Möhren
- 650 ml Geflügelfond
- 50 ml Orangensaft
- 2 TL Trüffelöl

Zubereitung:

Thymian und Rosmarin sowie Knoblauch kleinschneiden. Die Perlhuhnbrust abspülen und mit Salz und Pfeffer würzen.

Danach Öl in einer Pfanne erhitzen und das Fleisch zugeben.

Danach mit Thymian und Rosmarin würzen und von allen Seiten braten. Möhren und Rote Beete klein schneiden und die Frühlingszwiebeln in Stücke schneiden.

Die Möhren in Wasser kochen und die Rote Bete kurz vor der Garzeit zugeben.

Die Frühlingszwiebeln zugeben, das Gemüse nach dem Garen abgießen und in eine Auflaufform geben.

Perlhuhn, Gemüsefond und Orangensaft sowie Trüffelöl zugeben und alles bei 200 Grad 20 Minuten backen.

96. Miso-Suppe

196 kcal | Fett: 7 g | Kohlenhydrate: 5 g | Eiweiß: 28 g

Zubereitungszeit: 50 Minuten

Zutaten für 4 Portionen:

- 400 g Hähnchenbrustfilet
- 30 g Ingwer
- 1 l Geflügelbrühe
- 40 g Miso-Paste
- 2 EL helle Sojasauce
- 2 EL Sesam
- Etwas Salz
- Etwas Pfeffer
- 1 EL Sesamöl
- 4 EL Teriyaki-Sauce
- 4 Frühlingszwiebeln

Zubereitung:

Die Hähnchenbrust in eine Schüssel geben. Den Ingwer schälen und die Hälfte reiben.

Danach mit Sesamöl und die Teriyaki-Soße mischen, dann das Huhn damit marinieren.

Anschließend 20 Minuten in den Kühlschrank stellen. Ingwer kleinschneiden und die Frühlingszwiebeln in Ringe schneiden. Den Sesam in der Pfanne rösten.

Das Huhn aus der Marinade nehmen und mit Salz und Pfeffer würzen.

Das Huhn in der Grillpfanne braten und nach 6 Minuten in Alufolie wickeln.

Das Fleisch 10 Minuten ruhen lassen. Die Gemüsebrühe in einem Topf erhitzen und Miso zugeben.

Danach das Huhn in Scheiben schneiden und mit den Frühlingszwiebeln und dem Ingwer in eine tiefe Schale geben.

Die Brühe darüber gießen und würzen.

97. Gefüllte Rindfleischtaschen

281 kcal | Fett: 8 g | Kohlenhydrate: 5 g | Eiweiß: 45 g

Zubereitungszeit: 55 Minuten

Zutaten für 4 Portionen:

- 400 g Paprikaschote
- 2 Frühlingszwiebeln
- 2 TL grüner Pfeffer
- Etwas Pfeffer
- 4 TL mittelscharfer Senf
- 1 EL Rapsöl
- 600 g große Scheiben Hüftsteak
- Etwas Salz

Zubereitung:

Die Paprika entkernen, auf ein Backblech legen und 10 Minuten im Ofen grillen. Danach herausnehmen und abkühlen lassen.

Die Frühlingszwiebeln schneiden und mit dem Pfeffer in eine Schale geben. Paprika klein schneiden und in die Schale legen.

Filetstücke ausbreiten und mit Senf bestreichen.

Danach die Paprikamischung zugeben und das Filet zusammenklappen.

Anschließend mit Zahnstochern fixieren, Salz und Pfeffer darüber geben. 8 Minuten auf dem Grill oder in der Pfanne zubereiten.

98. Kürbis-Apfel Suppe

236 kcal | Fett: 17 g | Kohlenhydrate: 15 g | Eiweiß: 4 g

Zubereitungszeit: 20 Minuten

Zutaten für 2 Portionen:

- 200 g Möhren
- 1 Apfel
- 2 EL Zitronensaft
- 2 Salbeistiele
- 2 EL Rapsöl
- 1 EL Currypulver
- 900 ml Gemüsebrühe
- Etwas Salz
- Etwas Pfeffer
- 1 Zwiebel
- 25 g Ingwer am Stück
- 450 g Butternuss-Kürbis
- 80 g Crème fraîche

Zubereitung:

Kürbis, Zwiebel, Ingwer, Möhren schälen und kleinschneiden.

In einem Topf Öl erhitzen und die Zwiebel mit dem Ingwer darin braten.

Anschließend bei mittlerer Hitze den Kürbis und die Möhren dazugeben. Zum Verfeinern ein wenig mit Curry bestäuben.

Danach die Brühe auffüllen und mit Salz und Pfeffer abschmecken. Alles zusammen jetzt für 20 Minuten kochen.

Den Apfel klein schneiden und mit in die Suppe geben.

Danach Salbei und Zitronensaft zufügen. Anschließend pürieren und mit dem Creme Fraiche versehen.

99. Gurkenhälften mit Schinken

241 kcal | Fett: 16 g | Kohlenhydrate: 10 g | Eiweiß: 14 g

Zubereitungszeit: 40 Minuten

Zutaten für 4 Portionen:

- 2 Gurken
- 100 g Champignons
- 1 Paprikaschote
- Etwas Pfeffer
- 50 g Walnusskerne
- 4 Petersilienstiele
- 1 Knoblauchzehe
- 100 g Putenschinken
- 50 g schwarze Oliven (entsteint)
- 75 g Mozzarella
- Etwas Salz

Zubereitung:

Pilze und Paprika putzen und in Stücke schneiden. Den Knoblauch hacken und den Schinken in Streifen schneiden. Den Käse würfeln und die Oliven zerkleinern.

Die vorbereiteten Zutaten mischen und mit Salz und Pfeffer würzen.

Danach die Gurken längs halbieren und die Kerne entfernen. Die Mischung in die Gurken füllen und diese in eine Auflaufform mit etwas Wasser setzen.

Danach den Backofen auf 200 Grad anheizen und 20 Minuten die Gurken schmoren.

Die Walnüsse hacken und die Petersilie zerkleinern.

Beides nach der Backzeit über die Gurken geben.

100. Leichte Käsesuppe

172 kcal | Fett: 11 g | Kohlenhydrate: 7 g | Eiweiß: 9 g

Zubereitungszeit: 55 Minuten

Zutaten für 4 Portionen:

- 400 g grüner Spargel
- Etwas Salz
- Etwas Pfeffer
- 1 Prise Kokosblütenzucker
- 1 EL Rapsöl
- 100 g Fontina
- ½ Zitrone
- 1 Schalotte
- 4 Stiele Petersilie
- 125 g mehlig kochende Kartoffeln
- 125 ml Sojacreme

Zubereitung:

Den Spargel waschen und klein schneiden. Salzwasser ansetzen und den Spargel mit dem Zucker vermischen und kochen.

Danach mit einer Schaumkelle abnehmen. Schalotten und die Kartoffeln schälen, beides klein schneiden.

In einen Topf legen und mit dem Wasser des Spargels aufgießen.

20 Minuten kochen lassen und danach den Käse reiben. Die Zitrone auspressen.

Die Zutaten zugeben und pürieren.

Anschließend die Sojacreme zugeben.

101. Bananensuppe

272 kcal | Fett: 8 g | Kohlenhydrate: 30 g | Eiweiß: 3 g

Zubereitungszeit: 50 Minuten

Zutaten für 4 Portionen:

- 1 Zwiebel
- 3 EL Sesamöl
- 200 ml Orangensaft
- 200 ml Gemüsebrühe
- 1 Staudensellerie
- 1 Möhre
- 1 Chilischote
- 2 Knoblauchzehen
- 2 Kochbananen
- 200 ml Kokosmilch
- 1 Döschen Safranpulver

Zubereitung:

Zwiebel, Möhre und Sellerie bitte reinigen und schälen. Danach klein schneiden.

Den Knoblauch pellen und klein schneiden. Anschließend die Bananen schälen und kleinschneiden.

Karotten, Knoblauch und Chili in einem Topf mit Öl andünsten.

Die kleingeschnittenen Bananen dazugeben und mit Gemüsebrühe, Orangensaft und Milch ablöschen.

Aufkochen lassen und 20 Minuten bei geringer Hitze kochen lassen.

Danach mit den Gewürzen versehen und pürieren.

102. Kürbis Suppe

152 kcal | Fett: 8 g | Kohlenhydrate: 12 g | Eiweiß: 6 g

Zubereitungszeit: 30 Minuten

Zutaten für 2 Portionen:

- 375 g Hokkaido-Kürbis
- 20 g frischer Ingwer
- 1 rote Chili
- 1 TL Olivenöl
- 200 ml Gemüsebrühe
- 1 Stange Zitronengras
- 200 ml Kokosmilch
- Etwas Salz
- Etwas Pfeffer

Zubereitung:

Ingwer, Kürbis, Zitronengras schneiden und in einem Topf mit Öl andünsten.

Danach mit Salz und Pfeffer würzen und mit der Gemüsebrühe aufgießen.

20 Minuten kochen lassen, währenddessen die Chili kleinschneiden. Diese kurz vor dem Ende der Kochzeit zugeben.

Danach Milch einrühren und pürieren.

103. Karotten-Ingwer Suppe

160 kcal | Fett: 17 g | Kohlenhydrate: 13 g | Eiweiß: 3 g

Zubereitungszeit: 60 Minuten

Zutaten für 3 Portionen:

- Etwas Pfeffer
- 2 EL frisch Petersilie
- 600 g Möhren
- 2 EL Rapsöl
- 2 Gemüsezwiebeln
- 10g frischer Ingwer
- Etwas Salz
- 800 ml Gemüsebrühe
- 150 ml Schlagsahne

Zubereitung:

Ingwer, Zwiebel und Möhren schälen, alles kleinschneiden.

Öl in einem Topf erhitzen und die Zwiebeln darin dünsten.

Möhren und Ingwer zugeben.

Danach Brühe aufgeben und 20 Minuten kochen lassen.

Mit Sahne angießen und die Suppe pürieren.

Alles abschmecken und mit einem Pürierstab pürieren und servieren.

104. Brokkolisuppe

182 kcal | Fett: 14 g | Kohlenhydrate: 8 g | Eiweiß: 5 g

Zubereitungszeit: 35 Minuten

Zutaten für 3 Portionen:

- 300 g Brokkoli
- 1 Schalotte
- 200 g saure Sahne
- Etwas Chilisalz
- 1 Knoblauchzehe
- 2 EL Olivenöl
- 100 g mehligkochende Kartoffeln
- 600 ml Gemüsebrühe

Zubereitung:

Die Schalotte schneiden und den Brokkoli putzen.

Den Knoblauch schneiden, in einem Topf mit Öl, Zwiebel und Knoblauch anbraten.

Anschließend den Brokkoli zugeben. Kartoffeln schälen und würfeln. Diese ebenfalls in den Topf geben.

Mit Gemüsebrühe aufgießen und 20 Minuten kochen lassen.

Danach würzen und anschließend pürieren.

Saure Sahne aufgießen und aufkochen lassen.

105. Low Carb Pommes

383 kcal | Fett: 32 g | Kohlenhydrate: 8 g | Eiweiß: 16 g

Zubereitungszeit: 40 Minuten

Zutaten für 3 Portionen:

- 300 g Gemüse nach Wahl z. B. Kohlrabi, Schwarzwurzel usw.
- 2 EL Öl
- Gewürz nach Belieben
- Kräuter nach Belieben
- 50 g Mandelmehl
- 50 g Parmesan

Zubereitung:

Den Ofen auf 200 Grad vorheizen, das Gemüse währenddessen waschen, schneiden und anschließend in Stifte schneiden.

Das Öl mit dem Mandelmehl und dem Parmesan in verschiedene Schalen geben.

Das geschnittene Gemüse darin wälzen.

Bei Bedarf Kräuter usw. zufügen.

Das Gemüse auf ein Backblech mit Backpapier legen und 20 Minuten backen.

106. Gemüseauflauf mit Feta

251 kcal | Fett: 15 g | Kohlenhydrate: 17 g | Eiweiß: 10 g

Zubereitungszeit: 40 Minuten

Zutaten für 3 Portionen:

- 2 Baby-Fenchel
- 1 EL Pernod
- Etwas Salz
- Etwas Pfeffer
- 400 g Möhren
- 8 Frühlingszwiebeln
- 400 g Kohlrabi
- 2 Knoblauchzehen
- 2 EL Olivenöl
- 1 Schuss trockener Weißwein
- Etwas Kümmel
- 150 g Schafskäse

Zubereitung:

Das gesamte Gemüse waschen, schälen und in Stifte oder Streifen schneiden. Den Knoblauch pellen und fein hacken.

Nun den Ofen auf 200 Grad vorheizen.

Den Knoblauch mit dem Gemüse in eine vorbereitete Pfanne geben und in Öl 3 Minuten braten.

Danach mit Wein und Pernod ablöschen und Salz und Pfeffer sowie Kümmel zufügen.

Alles in eine Auflaufform geben, mit Käse bestreuen und 20 Minuten backen.

BEILAGEN SALATE

Vielleicht haben Sie beim Durchblättern schon gemerkt, dass in der Thonon-Diät Phase sehr viel mit Salaten gearbeitet wird. Einige sind unter den Rezepten zu finden. Nachfolgend möchte ich Ihnen jedoch einige Beilagensalate mit an die Hand heben.

107. Eier-Gemüsesalat

184 kcal | Fett: 7 g | Kohlenhydrate: 16 g | Eiweiß: 13 g

Zubereitungszeit: 30 Minuten

Zutaten für 4 Portionen:

- 4 Eier
- 2 Möhren
- 200 g Knollensellerie
- 2 EL Sprossen
- 10 g Brunnenkresse
- 50 g griechischer Joghurt
- 200 g Brokkoliröschen
- 200 g Blumenkohlröschen
- Etwas Salz
- 2 Paprikaschoten
- 2 rote Zwiebeln
- 2 EL Zitronensaft

Zubereitung:

Die Eier hart kochen. In dieser Zeit können die Möhren, der Sellerie und der Brokkoli sowie der Blumenkohl gereinigt und zerkleinert werden.

Die Zutaten in kochendes Wasser geben und 3 Minuten bissfest kochen. Danach abgießen und abschrecken.

Die Paprika waschen und würfeln. Die Zwiebel pellen und kleinschneiden. Das Gemüse mit den gekochten Zutaten mischen. Sprossen und Kresse darüber geben.

Danach Joghurt, Zitronensaft und Wasser vermischen und abschmecken. Über den Salat geben.

Die Eier abschrecken und pellen. Halbieren und zum Salat legen.

108. Fenchelsalat mit Grapefruits

236 kcal | Fett: 16 g | Kohlenhydrate: 16 g | Eiweiß: 5 g

Zubereitungszeit: 20 Minuten

Zutaten für 3 Portionen:

- 4 Fenchelknollen
- Etwas Salz
- Etwas Pfeffer
- Etwas Chiliflocken
- 2 Grapefruits
- 30 g Walnüsse
- 4 EL Sesamöl
- 1 Prise Rohrohrzucker
- 2 EL Rotweinessig

Zubereitung:

Fenchel mit den Grapefruits schälen und kleinschneiden.

Beides in einer Schale geben und vermischen.

Danach die Walnüsse hacken und mit den anderen Zutaten mischen.

Alles zusammengeben und auf den Tellern anrichten.

109. Gegrillter Zucchini-Salat

199 kcal | Fett: 15 g | Kohlenhydrate: 7 g | Eiweiß: 9 g

Zubereitungszeit: 20 Minuten

Zutaten für 3 Portionen:

- 4 Zucchini
- 1 Knoblauchzehe
- 1 Zitrone
- ½ Handvoll Minze
- 50 g geriebener Parmesan
- 4 EL Olivenöl
- Etwas Salz
- Etwas Pfeffer
- 1 TL getrockneter Thymian

Zubereitung:

Den Grill vorheizen oder die Grillpfanne vorbereiten. Den Knoblauch schälen und hacken. Die Zucchini waschen und in dünne Scheiben schneiden.

Die Marinade aus Öl, Salz, Pfeffer, Knoblauch und Thymian vermischen und die Zucchini darin einlegen.

Danach die Zucchini auf den Grill oder in die Pfanne legen.

Nun die Marinade mit Zitronensaft und Minze abschmecken und zum Schluss auf die Zucchini träufeln.

110. Bunter Salat mit bunten Tomaten

112 kcal | Fett: 10 g | Kohlenhydrate: 3 g | Eiweiß: 2 g

Zubereitungszeit: 20 Minuten

Zutaten für 4 Portionen:

- 250 g gemischter Blattsalat
- 2 EL weißer Balsamessig
- Etwas Salz
- Etwas Pfeffer
- 400 g gemischte Kirschtomaten
- 4 EL Olivenöl

Zubereitung:

Den Blattsalat reinigen und kleinschneiden.

Danach die Tomaten halbieren und zusammen mit dem Salat mischen.

Den Balsamessig zugeben und mit Salz und Pfeffer sowie Olivenöl benetzten.

111. Rotkohl Salat mit Brokkoli

375 kcal | Fett: 20 g | Kohlenhydrate: 25 g | Eiweiß: 16 g

Zubereitungszeit: 40 Minuten

Zutaten für 4 Portionen:

- 1 Blutorange
- 2 Frühlingszwiebeln
- 45 g Mandelkerne
- 30 g Rosinen
- 1 EL Ahornsirup
- 1 Schalotte
- 3 EL Olivenöl
- 30 g Mandelmus
- Etwas Salz
- Etwas Pfeffer
- 1 kg Brokkoli
- 500 g Rotkohl

Zubereitung:

Die Blutorange aufschneiden und auspressen. Die Schalotte pellen und würfeln.

Anschließend das Öl mit Mandelmus, Orangensaft, Ahornsirup, Salz, Pfeffer und der Zwiebel vermischen.

Den Brokkoli waschen, die Röschen abteilen und in einen Dampfeinsatz geben.

Danach 5-7 Minuten garkochen. In dieser Zeit den Rotkohl reinigen und den Strunk entfernen.

Den Rotkohl in dünne Streifen schneiden und zum Brokkoli geben. Die Frühlingszwiebeln putzen und in Ringe schneiden.

Danach die Mandeln grob hacken und die Rosinen zugeben.

Alles vermischen und servieren.

112. Kürbis Rotkohl-Salat

400 kcal | Fett: 32 g | Kohlenhydrate: 16 g | Eiweiß: 13 g

Zubereitungszeit: 50 Minuten

Zutaten für 4 Portionen:

- 600 g Kürbis
- 140 g Putenspeck
- 2 EL Kürbiskerne
- ½ Bund Schnittlauch
- 1 EL Zitronensaft
- 600 g Rotkohl
- Etwas Salz
- Etwas Pfeffer
- 3 EL Olivenöl
- 3 EL Apfelessig
- 4 EL Walnussöl
- 100 g Physalis
- 20 g Blattsalat

Zubereitung:

Den Kürbis waschen und das Fruchtfleisch in Spalten schneiden. Den Speck in Streifen schneiden und mit dem Kürbis in eine Auflaufform geben.

Danach mit Salz, Pfeffer würzen und die Auflaufform bei 200 Grad 40 Minuten backen. Den Kohl in dieser Zeit halbieren und in Streifen schneiden. Danach mit Essig und Walnussöl benetzen. Salz und Pfeffer zugeben und 30 Minuten ziehen lassen.

Kürbiskerne in einer Pfanne rösten und den Salat waschen. Diese in eine Schale geben und anschließend die geschnittenen Physalis zugeben.

Danach die Kürbiskerne zugeben. Den Schnittlauch in Röllchen schneiden und mit in den Salat geben.

Den Kürbis aus dem Ofen nehmen und zum Salat geben.

Nochmals mit den restlichen Zutaten würzen.

113. Bistro Salat

149 kcal | Fett: 12 g | Kohlenhydrate: 7 g | Eiweiß: 1 g

Zubereitungszeit: 30 Minuten

Zutaten für 4 Portionen:

- 1 Eichblattsalat
- 40 g Haselnusskerne
- 3 EL Rotweinessig
- 1 EL Dijonsenf
- ½ Bataviasalat
- 3 EL Rapsöl
- 2 EL Haselnussöl
- 1 Apfel
- ½ Bund Schnittlauch
- ½ Friséesalat
- 1 EL Apfeldicksaft
- Etwas Salz
- Etwas Pfeffer

Zubereitung:

Den Salat waschen und in mundgerechte Stücke teilen.

Danach die Haselnüsse hacken und in der Pfanne rösten. Essig, Senf, Apfeldicksaft, Salz und Pfeffer in einer Schale mischen. Öl zugeben und unterheben.

Den Apfel reinigen und entkernen.

Den Schnittlauch waschen und in Röllchen schneiden.

Alles zusammen vermischen und anrichten.

114. Möhren und Spinat Salat

402 kcal | Fett: 29 g | Kohlenhydrate: 22 g | Eiweiß: 13 g

Zubereitungszeit: 30 Minuten

Zutaten für 4 Portionen:

- 50 g Pinienkerne
- 1 rote Zwiebel
- 8 Datteln
- 1 TL Fenchelsamen
- 2 EL Olivenöl
- 4 EL Apfelessig
- 1 TL Honig
- 200 g Baby-Spinat
- 500 g Möhren
- 1 TL getrockneter Oregano
- 1 TL getrockneter Thymian
- 200 g Ziegen Fetakäse
- 2 EL Nussöl
- Etwas Salz
- Etwas Pfeffer

Zubereitung:

Die Pinienkerne in einer Pfanne ohne Öl rösten und anschließend abkühlen lassen.

Danach den Spinat reinigen, die Möhren schälen und raspeln. Die Zwiebel pellen und würfeln. Datteln klein schneiden, den Fenchel und das Oregano mit dem Thymian in einer Schale mischen.

Den Käse in die Kräuter bröseln und alles vermengen.

Nun die Öle mit Essig und Honig mischen. Salz und Pfeffer zugeben.

Die Möhren, Datteln, Spinat und die Kerne mischen, dann das Dressing zugeben.

Dieses unter den Salat heben und anschließend den Fetakäse draufbröckeln.

115. Salat mit Ziegenkäse und Roter Bete

235 kcal | Fett: 17 g | Kohlenhydrate: 15 g | Eiweiß: 5 g

Zubereitungszeit: 30 Minuten

Zutaten für 4 Portionen:

- 400 g Rote Bete
- 1 Handvoll Salatblätter
- 1 rote Chilischote
- 4 EL Apfelessig
- 1 TL Honig
- 1 Birne
- 80 g Ziegenfrischkäse
- 1 Handvoll gemischte Kräuter nach Wahl
- 4 EL Sonnenblumenöl
- Etwas Kräutersalz
- Etwas Pfeffer

Zubereitung:

Die Birne und die Rote Beete waschen, schälen und beides in Streifen schneiden.

Beides auf einem Teller oder in einer Schüssel anrichten und mit dem Käse bestreuen.

Danach die Kräuter vermischen, den Salat gut waschen und trocknen.

Die Blätter klein zupfen und anschließend die Chili halbieren, entkernen und kleinschneiden.

Die Blätter auf den Teller geben und mit den Kräutern garnieren.

Die Chili zugeben und anschließend das Dressing aus Essig, Öl und Honig zusammenmischen.

116. Avocado-Tomaten-Salat

169 kcal | Fett: 13 g | Kohlenhydrate: 10 g | Eiweiß: 3 g

Zubereitungszeit: 30 Minuten

Zutaten für 4 Portionen:

- 1 Limette (auspressen)
- Etwas gemahlener Kreuzkümmel
- Etwas gemahlener Koriander
- Etwas Salz
- Etwas Cayennepfeffer
- 1 rote Zwiebel
- 6 Tomaten
- 2 Avocados

Zubereitung:

Die Avocado entkernen und das Fruchtfleisch herauslösen.

Zusammen mit den kleingeschnittenen Tomaten in einer Schale mischen und mit den Gewürzen sowie dem Limettensaft versehen.

117. Paprika-Tomaten Salat

482 kcal | Fett: 39 g | Kohlenhydrate: 19 g | Eiweiß: 13 g

Zubereitungszeit: 30 Minuten

Zutaten für 4 Portionen:

- 200 g Fetakäse
- 70 g Zwiebeln
- 5 EL Olivenöl
- 6 Paprikaschoten
- 80 g schwarze Oliven (entsteint)
- Etwas Salz
- Etwas Pfeffer
- ½ TL Honig
- 200 g Kirschtomaten
- 2 Minzestiele
- ½ Zitrone
- 2 EL Weißweinessig

Zubereitung:

Die Zwiebel pellen und kleinschneiden. Die Tomaten waschen und halbieren.

Anschließend Den Feta zerkleinern und die Oliven hacken. Die Paprika entkernen und halbieren.

Ein Backblech mit Öl einfetten und die Schnittfläche der Paprika auf das Backblech legen. Das Backblech bei 200 Grad in den Ofen schieben und die Paprika gute 20 Minuten backen. Danach abkühlen lassen.

Die Paprika danach schälen und in Streifen schneiden. Diese mit den Zwiebeln und den Tomaten in eine Auflaufform geben.

Fetakäse und Oliven zugeben, die Minze gehackt darüber streuen.

Das Dressing aus 2 El Zitronensaft, Öl, Salz, Pfeffer und Essig sowie Honig mischen und über den Salat geben.

118. Fenchel-Birnen- Salat

295 kcal | Fett: 20 g | Kohlenhydrate: 20 g | Eiweiß: 9 g

Zubereitungszeit: 30 Minuten

Zutaten für 4 Portionen:

- 500 g Fenchelknolle
- 2 EL Walnussöl
- Etwas Salz
- 2 Birnen
- 2 EL Zitronensaft
- 120 g Schafskäse
- Etwas Pfeffer
- 120 g rote Weintrauben
- 40 g Walnusskerne
- 2 EL weißer Balsamessig
- 2 TL Honig

Zubereitung:

Die Fenchelknolle reinigen und Strunk entfernen. Danach Die Hälften mit einem Küchengerät hobeln.

Die Weintrauben abzupfen und halbieren. Nüsse bitte grob hacken, die Birne schälen und halbieren, um sie in Spalten zu schneiden.

Die vorbereiteten Zutaten in einer Schale mischen und mit Zitronensaft beträufeln.

Danach den Fetakäse zugeben und die Nüsse darüber streuen.

Anschließend aus Essig, Honig und Öl das Dressing herstellen. Alles mit Salz und Pfeffer würzen.

119. Ofentomaten-Salat

310 kcal | Fett: 28 g | Kohlenhydrate: 7 g | Eiweiß: 8 g

Zubereitungszeit: 30 Minuten

Zutaten für 4 Portionen:

- 3 Tomaten
- 120 g Rucola
- 4 EL dunkler Balsamessig
- 300 g Ziegenfrischkäse Rolle
- 250 g Datteltomate
- Etwas Pfeffer
- 4 EL Olivenöl
- Olivenöl für die Form
- 5 Zweige Thymian
- Etwas Salz

Zubereitung:

Der Ofen braucht eine Temperatur von 200 Grad.

Während diese sich einstellt und der Ofen hochheizt, die Tomaten waschen, halbieren und sie in eine mit Butter gefettete Auflaufform geben.

Den Thymian waschen und zu den Tomaten geben. 2 EL Öl zugeben und mit Salz und Pfeffer würzen. Danach 15 Minuten die Auflaufform in den Ofen geben.

Den Rucola waschen und auf Tellern verteilen. Mit Balsamico Essig benetzten und eventuell mit Salz und Pfeffer versehen.

Danach die Tomaten aus der Form auf die Teller legen. Den Käse in Scheiben schneiden und auf dem Salat verteilen.

Mit Olivenöl verfeinern und anrichten.

120. Radieschen-Salat mit Käse

241 kcal | Fett: 14 g | Kohlenhydrate: 8 g | Eiweiß: 19 g

Zubereitungszeit: 20 Minuten

Zutaten für 4 Portionen:

- 2 Handvoll Kräuter
- 100 g Rucola
- 350 g körniger Frischkäse
- 1 Spritzer Zitronensaft
- 400 g Radieschen
- 3 EL Obstessig
- 200 g Ricotta
- Etwas Salz
- Etwas Pfeffer
- 1 EL mittelscharfer Senf
- 3 EL Traubenkernöl

Zubereitung:

Die Radieschen waschen und kleinschneiden. Danach den Rucola waschen und dazugeben.

Anschließend die Kräuter reinigen und zerkleinern. Diese vorbereiteten Zutaten zusammenfügen.

Den Ricotta zerkleinern und zugeben.

Danach alle anderen Zutaten mischen und als Dressing über den Salat geben.

121. Feta-Kürbis-Salat

148 kcal | Fett: 11 g | Kohlenhydrate: 6 g | Eiweiß: 5 g

Zubereitungszeit: 45 Minuten

Zutaten für 4 Portionen:

- 600 g Butternuss-Kürbis
- 1 EL Ahornsirup
- 1 EL Zitronensaft
- 1 EL Apfelessig
- Etwas Salz
- Etwas Pfeffer
- 2 EL Olivenöl
- 10 g Minze
- 100 g Feta

Zubereitung:

Den Kürbis schälen und entkernen.

Anschließend in Scheiben schneiden und auf ein Backblech legen. Mit Salz, Pfeffer bestreuen und mit 1 EL Öl benetzten.

Danach den Kürbis für 20 Minuten bei 200 Grad garen. Minze waschen und die Blätter kleinschneiden.

Den Kürbis aus dem Ofen nehmen und mit Ahornsirup und Fetakäse bestreuen.

Danach mit den anderen Zutaten abschmecken.

122. Obstsalat

163 kcal | Fett: 7 g | Kohlenhydrate: 19 g | Eiweiß: 3 g

Zubereitungszeit: 20 Minuten

Zutaten für 4 Portionen:

- 6 Stiele Melisse
- 40 g Macadamianüsse
- 1 Limette
- 200 g Erdbeeren
- 150 g Cantaloupe-Melone
- 30 g Kokosraspel
- 2 Kiwis
- 1 Mango
- 1 Orange

Zubereitung:

Nüsse grob hacken und die Melisse kleinschneiden. Die Limette auspressen. Diese Zutaten mit einem Mörser oder einem Mixer zerreiben und zerkleinern.

Nun die Kiwi, Mango schälen und zerkleinern. Die Orange bitte auch schälen und die Trennhäute entfernen.

Danach die Zutaten vermischen und die Erdbeeren zum Schluss geschnitten zufügen.

Die Melone schälen, würfeln und anschließend zum Salat geben.

Alle anderen Zutaten zugeben und einen Salat vermischen.

123. Halloumi Tomatensalat

265 kcal | Fett: 18 g | Kohlenhydrate: 10 g | Eiweiß: 15 g

Zubereitungszeit: 40 Minuten

Zutaten für 4 Portionen:

- 1 kg gemischte Tomaten
- 2 Schalotten
- 2 EL Gemüsebrühe
- 2 EL Weißweinessig
- 2 EL Limettensaft
- 1 Knoblauchzehe
- 2 EL Olivenöl
- 1 TL Honig
- Etwas Pfeffer
- 200 g Halloumi
- 20 g Basilikum
- Etwas Salz

Zubereitung:

Knoblauch, Schalotte pellen und kleinschneiden.

Anschließend mit Brühe und Öl mischen. Essig, Limettensaft und Honig zugeben.

Nun die Tomaten reinigen, kleinschneiden und mit dem Dressing in einer Schale mischen. Diese 30 Minuten ziehen lassen.

Den Käse nun in der Pfanne oder auf einer Grillpfanne garen.

Den Basilikum waschen, kleinschneiden und alles damit bestreuen.

Schlussendlich alles auf einem Teller anrichten.

124. Pfirsich-Käse-Bohnen Salat

308 kcal | Fett: 23 g | Kohlenhydrate: 12 g | Eiweiß: 14 g

Zubereitungszeit: 40 Minuten

Zutaten für 4 Portionen:

- 500 g grüne Bohnen
- 1 Zitrone
- 1 TL mittelscharfer Senf
- 4 ½ EL Olivenöl
- 4 Zweige Bohnenkraut
- 2 Pfirsiche
- 3 Frühlingszwiebeln
- 200 g Ziegenkäse (Rolle)

Zubereitung:

Die Bohnen reinigen, halbieren und 10 Minuten in Salzwasser kochen.

Die Pfirsiche heiß abspülen und pellen. Danach zerkleinern und mit den gegarten Bohnen zusammenfügen.

Für das Dressing Zitrone abspülen und ausdrücken. Diesen Saft dann mit Öl und zerkleinerten Bohnenkraut mischen.

Danach die Zwiebeln in Ringe schneiden und den Ziegenkäse zerkleinern.

Alles in einer Schüssel vereinen.

DESSERTS/ SNACKS

Ein Dessert in aller Ehre. Es muss auch mal einen Nachtisch geben. Viele leckere Varianten mit wenig Zucker oder wenigen Kalorien warten nun auf Sie. Die Desserts lassen sich perfekt zur Kalorienauffüllung nutzen. Hat man wirklich einmal zu wenige Kalorien für diese Phase verzehrt, kann man zu diesen Rezepten greifen.

125. Melonenpizza

85 kcal | Fett: 5 g | Kohlenhydrate: 5 g | Eiweiß: 5 g

Zubereitungszeit: 10 Minuten

Zutaten für 16 Stücke:

- 750 g Wassermelone
- 200 g Parmaschinken
- 16 Mini-Mozzarellakugeln
- 100 g Kirschen
- 4 TL Balsamessig
- 10 g Kräuter

Zubereitung:

Aus der Melone rund 2 ca. 2 cm dicke Scheiben schneiden und diese wie eine Pizza in Achtel teilen.

Die Stücke auf eine Platte legen. Den Schinken halbieren und zu Röllchen drehen. Anschließend auf der Melone verteilen.

Danach die Kirschen waschen und ebenfalls platzieren.

Kräuter reinigen und darüber streuen und mit Balsamessig und Mozzarella garnieren.

126. Kurkuma-Paprika Smoothie

151 kcal | Fett: 4 g | Kohlenhydrate: 24 g | Eiweiß: 2 g

Zubereitungszeit: 20 Minuten

Zutaten für 4 Portionen:

- 150 g Mangofruchtfleisch
- 1 Paprikaschote
- 1 Orange
- 150 g Papaya Fruchtfleisch
- 1 Limette
- 1 TL Kurkumapulver
- 1 EL Leinöl
- 300 ml Haferdrink
- 100 g Heidelbeeren
- 100 g Himbeeren

Zubereitung:

Die Zitrone und die Orange waschen, schälen und mit den anderen Zutaten in den Mixer geben.

Danach so lange mixen, bis die gewünschte Konsistenz erreicht ist.

127. Grüner Smoothie

33 kcal | Fett: 0 g | Kohlenhydrate: 7 g | Eiweiß: 0 g

Zubereitungszeit: 20 Minuten

Zutaten für 2 Portionen:

- 1 ⅕ Birnen
- 36 g Ingwer
- 20 g Petersilie
- 1,8 grüne Äpfel
- 2 Stangen Staudensellerie
- 2 Kiwis
- 1 ⅕ Limetten
- 1 TL Kurkuma

Zubereitung:

Die Obst- und Gemüsesorten kleinschneiden und in den Mixer geben.

Danach einfach so lange mixen, bis ein homogener Drink entsteht.

128. Eis Espresso

80 kcal | Fett: 6 g | Kohlenhydrate: 5 g | Eiweiß: 4 g

Zubereitungszeit: 30 Minuten

Zutaten für 2 Portionen:

- 80 ml Espresso
- 120 ml Kondensmilch (7,5 % Fett)
- 8 Eiswürfel

Zubereitung:

Den Espresso nach Packungsanleitung zubereiten und sofort 30 Minuten kaltstellen.

Danach in Gläser geben und Eiswürfel zugeben.

Mit der Kondensmilch verfeinern.

129. Vanille Mix

160 kcal | Fett: 2 g | Kohlenhydrate: 20 g | Eiweiß: 5 g

Zubereitungszeit: 20 Minuten

Zutaten für 1 Portion:

- 1 kleine Vanilleschote
- 250 g Melonenfruchtfleisch
- 100 ml Milch
- 50 g Himbeersorbet

Zubereitung:

Vanilleschote auskratzen und mit Melonenfruchtfleisch und Milch mischen.

Danach in den Mixer geben und zu einem Shake mischen.

Anschließend in Gläser geben und das Himbeersorbet darübergießen.

130. Erdbeere-Spargel Snack

281 kcal | Fett: 15 g | Kohlenhydrate: 19 g | Eiweiß: 16 g

Zubereitungszeit: 30 Minuten

Zutaten für 2 Portionen:

- 1 kg grüner Spargel
- 500 g Erdbeeren
- 3 EL weißer Balsamessig
- 3 EL Orangensaft
- 1 TL flüssiger Honig
- Etwas Pfeffer
- 2 EL Olivenöl
- 150 g Feta (9 % Fett)
- Etwas Salz
- 40 g Pinienkerne (2 gehäufter EL)
- 4 Frühlingszwiebeln
- 10 g Basilikum (0.5 Bund)
- 80 g Rucola (1 Bund)
- 1 TL Dijonsenf

Zubereitung:

Den Spargel schälen, klein schneiden und anschließend 5 Minuten in heißem Wasser garen.

In dieser Zeit die Erdbeeren kleinschneiden. Basilikum und Rucola zerkleinern und zu den Erdbeeren geben. Den Spargel abgießen und ebenfalls dazugeben.

Danach die Frühlingszwiebeln in Ringe schneiden und in den Salat mischen.

Alle anderen Zutaten über den Salat geben und gut vermengen.

131. Pikante Erdbeeren

160 kcal | Fett: 8 g | Kohlenhydrate: 11 g | Eiweiß: 12 g

Zubereitungszeit: 20 Minuten

Zutaten für 4 Portionen:

- 4 EL guter Balsamessig
- 50 g Parmesan
- 150 g luftgetrockneter Schinken
- Etwas schwarzer Pfeffer
- 1 EL Honig
- 500 g Erdbeeren
- 2 Basilikumstiele

Zubereitung:

Essig und Honig in einen Topf geben, alles langsam vermischen. Das Dressing abkühlen lassen.

Erdbeeren waschen und kleinschneiden. Den Schinken zerkleinern und zu den Erdbeeren geben.

Mit Basilikum verfeinern und das Dressing mit geriebenen Parmesan zugeben.

132. Ingwer Smoothie

52 kcal | Fett: 1 g | Kohlenhydrate: 10 g | Eiweiß: 2 g

Zubereitungszeit: 10 Minuten

Zutaten für 2 Portionen:

- 200 g Ananasfruchtfleisch
- 2 EL Zitronensaft
- 10 g Ingwer
- 300 ml Kokoswasser
- 100 g zarte Grünkohlblatt
- 1 Kästchen Kresse

Zubereitung:

Alle Zutaten gründlich mit Wasser waschen und klein schneiden.

Die Zutaten nach und nach in den Mixer geben und auf einer hohen Stufe vermischen.

133. Papaya Drink

110 kcal | Fett: 1 g | Kohlenhydrate: 15 g | Eiweiß: 3 g

Zubereitungszeit: 10 Minuten

Zutaten für 2 Portionen:

- 2 Stiele Minze
- 400 g Papaya
- 250 g Erdbeeren
- 2 Kiwis

Zubereitung:

Die Papaya aufschneiden und die Kerne entfernen.

Die Erdbeeren und Kiwi mit der Papaya in den Mixer geben und solange durchmixen, bis die gewünschte Konsistenz entsteht.

134. Stachelbeere-Smoothie

152 kcal | Fett: 1 g | Kohlenhydrate: 20 g | Eiweiß: 7 g

Zubereitungszeit: 20 Minuten

Zutaten für 2 Portionen:

- 300 g Stachelbeeren
- 2 Bananen
- 4 Minzestiele
- Eiswürfel nach Bedarf
- 600 ml Buttermilch
- 30 g Honig

Zubereitung:

Die Zutaten nach und nach in den Mixer geben und bis auf die Eiswürfel alles durchmixen.

Danach in ein Glas füllen und Eiswürfel zugeben.

135. Avocado Smoothie

135 kcal | Fett: 7 g | Kohlenhydrate: 16 g | Eiweiß: 2 g

Zubereitungszeit: 10 Minuten

Zutaten für 2 Portionen:

- 2 Kiwis
- 1 Avocado
- 1 grüne Chilischote
- 20 g Basilikum
- 1 Apfel
- 200 g Honigmelonenfruchtfleisch
- 20 g Rucola
- 1 EL Sprossen

Zubereitung:

Die Zutaten in der Liste in einen Mixer geben und anschließend bei hoher Umdrehung zubereiten.

136. Feldsalat Smoothie

123 kcal | Fett: 4 g | Kohlenhydrate: 18 g | Eiweiß: 3 g

Zubereitungszeit: 10 Minuten

Zutaten für 4 Portionen:

- 100 g Feldsalat
- 30 g zarte Haferflocken
- 2 EL Limettensaft
- 2 Birnen
- 20 g Mandelkerne
- 20 g getrocknete Dattel

Zubereitung:

Die Zutaten in den Mixer geben und alles zu einer homogenen Masse verarbeiten.

Danach den Smoothie in die Gläser geben.

137. Möhren Smoothie

62 kcal | Fett: 1 g | Kohlenhydrate: 9 g | Eiweiß: 2 g

Zubereitungszeit: 15 Minuten

Zutaten für 2 Portionen:

- 2 Knoblauchzehen
- ½ Zitrone
- 1 TL Rapsöl
- 800 g Möhren
- 1 Bund glatte Petersilie

Zubereitung:

Die Zutaten zusammen in den Mixer geben und zu einem Smoothie verarbeiten.

138. Löwenzahn Salat mit Erdbeeren

249 kcal | Fett: 11 g | Kohlenhydrate: 20 g | Eiweiß: 7 g

Zubereitungszeit: 20 Minuten

Zutaten für 2 Portionen:

- 150 g Löwenzahnblatt
- 2 EL Olivenöl
- 3 EL Gemüsebrühe
- 2 EL Balsamessig
- 250 g Erdbeeren
- 20 g Rote-Bete-Sprossen
- 30 g Pinienkerne
- 2 TL Agavendicksaft
- Etwas Salz
- Etwas Pfeffer

Zubereitung:

Löwenzahn, Erdbeeren reinigen und zerkleinern.

Danach vermischen. Pinienkerne und Sprossen unterheben.

Die anderen Zutaten zu einem Dressing mischen und über den Salat geben.

139. Frischkäsebälle auf Salat

198 kcal | Fett: 11 g | Kohlenhydrate: 10 g | Eiweiß: 11 g

Zubereitungszeit: 20 Minuten

Zutaten für 2 Portionen:

- 250 g Blattspinat
- 150 g Radicchio
- Etwas Pfeffer
- 1 EL Balsamessig
- 1 EL Olivenöl
- 2 Tomaten
- 1 Orange
- ½ Bund Basilikum
- 50 g Ziegenfrischkäse
- 50 g Magerquark
- Etwas Salz

Zubereitung:

Spinat, Radicchio und Tomaten sowie Orangen klein schneiden und vermischen.

Jetzt den Ziegenkäse, Magerquark und gehackten Basilikum vermischen und Salz, Pfeffer unterheben.

Danach Die Fischkäsemasse zu kleinen Bällen formen und mit dem Salat anrichten.

Die restlichen Zutaten zu einem Dressing mischen und über den Salat geben.

140. Papaya Carpaccio

110 kcal | Fett: 3 g | Kohlenhydrate: 17 g | Eiweiß: 2 g

Zubereitungszeit: 10 Minuten

Zutaten für 1 Portion:

- 200 g Papaya Fruchtfleisch
- ½ Limette
- 8 Blätter Minze
- 3 Cashewkerne

Zubereitung:

Die Limette auspressen und das Fruchtfleisch mit der Limette beträufeln.

Die Minze und die Kerne hacken und zusammen mit dem Obst ansprechend dekorieren.

141. Mediterranes Gemüse

170 kcal | Fett: 11 g | Kohlenhydrate: 12 g | Eiweiß: 5 g

Zubereitungszeit: 30 Minuten

Zutaten für 2 Portionen:

- 2 Zucchini
- 1 Aubergine
- 1 Zwiebel
- 1 Knoblauchzehe
- 4 EL Olivenöl
- 2 Paprikaschoten
- 3 Tomaten
- Etwas Salz
- Etwas Pfeffer

Zubereitung:

Die Gemüsesorten waschen und in Scheiben schneiden. Knoblauch pellen und kleinschneiden.

Danach mit den Gewürzen versehen und in einer Pfanne Öl erhitzen.

So lange braten bis die gewünschte Bräune entstanden ist.

Nochmals würzen und danach mit anderen Gerichten servieren.

142. Parmesanchips

140 kcal | Fett: 10 g | Kohlenhydrate: 0 g | Eiweiß: 13 g

Zubereitungszeit: 30 Minuten

Zutaten für 4 Portionen:

- 150 g Parmesan am Stück
- ¼ Oregano
- 1 Msp. Paprikapulver
- ½ TL Rosmarin

Zubereitung:

Parmesan reiben und mit den Gewürzen mischen.

Danach den Ofen auf 180 Grad vorheizen.

Auf ein Backblech mit Backpapier die Käsehäufchen drapieren.

Den Käse danach 8 Minuten backen.

143. Raita

49 kcal | Fett: 2 g | Kohlenhydrate: 5 g | Eiweiß: 2 g

Zubereitungszeit: 10 Minuten

Zutaten für 4 Portionen:

- ½ Gurke
- 200 g Joghurt
- Etwas Salz
- Etwas Pfeffer
- 2 Stiele Minze
- 1 Knoblauchzehe
- ¼ Koriander
- 2 EL Granatapfelkerne

Zubereitung:

Gurke waschen und raspeln, Minze hacken und Knoblauch schälen und hacken.

Den Joghurt in eine Schale geben und mit der Gurke, der Minze und dem Knoblauch vermischen.

Gewürze dazugeben und alles in Schalen verteilen.

Danach die Granatapfelkerne zugeben.

144. Hähnchensnackspieße

49 kcal | Fett: 2 g | Kohlenhydrate: 1 g | Eiweiß: 5 g

Zubereitungszeit: 20 Minuten

Zutaten für 12 Spieße:

- Etwas Pfeffer
- 2 EL Olivenöl
- Etwas Salz
- 1 Paprikaschote
- 12 Oliven
- 250 g Hähnchenbrustfilet
- 2 EL Zitronensaft

Zubereitung:

Fleisch in Würfel schneiden und mit Zitronensaft beträufeln.

Mit Salz und Pfeffer ein wenig würzen.

Die Paprika waschen und halbieren. Danach die Paprika in 12 Stücke teilen.

Zum Schluss Olive, Huhn und Paprika aufspießen und in einer Pfanne mit Öl braten.

145. Gurken-Röllchen

131 kcal | Fett: 11 g | Kohlenhydrate: 3 g | Eiweiß: 5 g

Zubereitungszeit: 30 Minuten

Zutaten für 12 Stück:

- 2 Gurken
- 250 g Frischkäse
- Etwas Salz
- Etwas Pfeffer
- 50 g Pecorino
- 100 g Joghurt
- 100 g schwarze Oliven
- 100 g getrocknete Tomaten

Zubereitung:

Die Gurke waschen und in 6 gleichdünne Scheiben schneiden. Das geht mit einem Sparschäler am besten.

Den Pecorino reiben, mit Frischkäse und Joghurt mischen. Salz, Pfeffer zugeben und die Käsemasse gleichmäßig auf den Scheiben verteilen.

Darüber die Kräuter verteilen. Danach Oliven und Tomaten hacken und mit in die Gurken wickeln.

Zum Schluss mit einem Spieß fixieren.

146. Melonen-Schiffchen mit Schinken

282 kcal | Fett: 12 g | Kohlenhydrate: 25 g | Eiweiß: 17 g

Zubereitungszeit: 10 Minuten

Zutaten für 4 Portionen:

- 1 Cantaloupe-Melone
- 16 Scheiben Parmaschinken (luftgetrocknet)

Zubereitung:

Die Melone aufschneiden und kleine Schiffchen daraus schneiden.

Danach einfach den Schinken darauf drapieren.

Hinweis: Dieser Nachtisch ist sehr schnell zubereitet und schmeckt unglaublich lecker.

147. Schichtgurken

292 kcal | Fett: 24 g | Kohlenhydrate: 9 g | Eiweiß: 9 g

Zubereitungszeit: 10 Minuten

Zutaten für 4 Portionen:

- 2 Gurken
- Etwas Salz
- Etwas Pfeffer
- 1 Knoblauchzehe
- 20 g Schnittlauch
- 250 g Ziegenfrischkäse
- 250 g schwarze Oliven
- 2 EL Olivenöl

Zubereitung:

Melone waschen und in drei Teile teilen. Aus jedem Teil 4 ca. 1 cm dicke Scheiben schneiden.

Den Ziegenkäse zerbröseln und die Oliven hacken.

Danach den Knoblauch fein hacken und mit in den Käse mischen. Gewürze schneiden und ebenfalls unterheben.

Nun eine Scheibe Gurke mit dem Käse bestreichen, einen weitere Scheibe dazulegen und Oliven auf diese legen.

Als Abschluss eine weitere Gurkenscheibe auflegen.

148. FroYo

33 kcal | Fett: 2 g | Kohlenhydrate: 2 g | Eiweiß: 1 g

Zubereitungszeit: 240 Minuten

Zutaten für 21 Stücke:

- 300 g griechischer Joghurt
- 2 EL gehackte Pistazie
- 2 EL Kakao-Nibs
- 1 EL Honig
- 150 g Beeren

Zubereitung:

Den Joghurt mit der Hälfte der Beeren mischen und Honig unterheben. 1 EL Nüsse und Kakaonips zugeben.

Alles gut mischen und diese Masse in Eiswürfelbehälter geben.

Nicht ganz vollfüllen und die restlichen Zutaten oben als Topping setzen.

Danach die Eiswürfelbehälter in den Tiefkühlschrank stellen.

Hinweis: Die Kalorienangabe gilt für ein Stück!

149. Wassermelone gegrillt

167 kcal | Fett: 6 g | Kohlenhydrate: 20 g | Eiweiß: 2 g

Zubereitungszeit: 35 Minuten

Zutaten für 4 Portionen:

- 1 kg Wassermelone
- 6 Macadamianüsse
- 20 g Mandelblättchen
- 2 Bund Zitronenmelisse
- ½ Limette
- 8 EL Ahornsirup

Zubereitung:

Die Melone in 8 dicke Scheiben schneiden und dann das Fruchtfleisch von der Schale lösen.

Bis auf die Limette und den Sirup die anderen Zutaten in einem Mixer zerkleinern.

2 EL Limettensaft zugeben und den Sirup einfügen.

Diese Marinade auf Teller verteilen. Die Melone auf den Grill legen oder einfach in der Grillpfanne zubereiten.

150. Gefüllte Gurke

100 kcal | Fett: 3 g | Kohlenhydrate: 5 g | Eiweiß: 12 g

Zubereitungszeit: 15 Minuten

Zutaten für 1 Portion:

- 1 Mini-Gurke
- 1 TL Sonnenblumenkerne
- 3 Kirschtomaten
- 75 g körniger Frischkäse
- Etwas Salz
- Etwas Pfeffer

Zubereitung:

Die Tomaten kleinschneiden und mit dem Frischkäse und den Sonnenblumenkernen, sowie Salz und Pfeffer mischen.

Die Gurke längs halbieren und aushöhlen.

Danach mit dem Frischkäse befüllen und servieren.

SCHLUSSWORTE

Vielen Dank, dass Sie sich für dieses Buch entschieden haben und wir hoffen, dass wir Ihnen mit diesem Buch den Einstieg in die histaminarme Ernährung etwas näher bringen konnten. Es gibt genug Rezeptideen die histaminarm sind, sodass Sie auf nichts verzichten müssen. Gesund und lecker soll es sein, vor allem abwechslungsreich. Wir sind überzeugt dass wir das in unserem Kochbuch so umsetzen konnten. Wichtig ist, dass Sie beim Einkaufen immer die Augen offen halten und Fertiggerichte oder Teilfertiggerichte nicht in Ihrem Einkaufswagen landen. Kaufen Sie immer frisch, vor allem regional und saisonal ein, dann haben Sie immer die volle Kontrolle über die verwendeten Zutaten. Bei Beschwerden, Fragen oder Unklarheiten sollten Sie allerdings immer Ihren Hausarzt kontaktieren.

Wir hoffen, dass Ihnen unsere Rezeptideen gefallen und natürlich auch gut schmecken. Wir haben uns jedenfalls alle Mühe gegeben, Ihnen ein wunderbares Kochbuch zusammenzustellen.

Wir wünschen Ihnen viel Gesundheit und viel Freude beim Kochen.

Wenn Ihnen dieses Buch gefallen hat, würden wir uns über eine positive Bewertung auf Amazon freuen. Es ist natürlich auch klar, dass es nicht nur positive Resonanzen geben wird, deswegen ist Ihr Urteil über unser Buch nicht nur für weitere Kunden wichtig, sondern auch für uns Autoren, damit wir in Zukunft unsere Kochbücher noch weiter verbessern können.

Für Ideen oder Anregungen sind wir immer offen und werden diese auch in den nächsten Büchern versuchen umzusetzen.

BONUS: 28 TAGE ERNÄHRUNGSPLAN

Eine Diät oder eine neue Ernährungsweise ist immer am einfachsten durchführbar, wenn Sie einen Plan haben.

Ein Ernährungsplan bietet zahlreiche Vorteile und Sie bekommen dadurch einen komplett neuen Rhythmus, mit dem Sie die neue Ernährung erfolgreich umsetzen können. Dieser Plan verläuft **14 Tage**, den Sie aber beliebig oft wiederholen können.

Wie Sie sicherlich schon bemerkt haben, beinhaltet er Rezepte aus diesem Kochbuch, die Sie natürlich auch beliebig einsetzen können.

Wir wünschen Ihnen viel Erfolg bei der Umsetzung!

Phase 1 Ernährungsplan- 14 Tage Abnehmprozess

In der Phase 1 dürfen Sie lediglich 800 Kalorien maximal am Tag zu sich nehmen. Keine ganz leichte Aufgabe, die viel Disziplin erfordert.

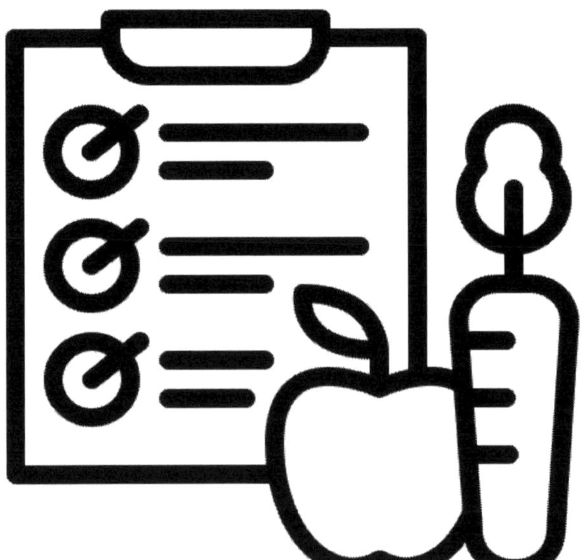

Phase 1	Frühstück	Mittagessen	Abendessen	Tages-Kalorien
Tag 1	Rezept Nr:6	Rezept Nr:23	Rezept Nr:50	762
Tag 2	Rezept Nr:3	Rezept Nr:32	Rezept Nr:48	684
Tag 3	Rezept Nr:7	Rezept Nr:27	Rezept Nr:40	713
Tag 4	Rezept Nr:1	Rezept Nr:110	Rezept Nr:38	715
Tag 5	Rezept Nr:6	Rezept Nr:31	Rezept Nr:45	620
Tag 6	Rezept entfällt	Rezept Nr:24	Rezept Nr:39	590
Tag 7	Rezept Nr:8	Rezept Nr:18	Rezept Nr:41	718

Phase 1	**Frühstück**	**Mittagessen**	**Abendessen**	**Tages-Kalorien**
Tag 8	Rezept Nr:12	Rezept Nr:27	Rezept Nr:53	620
Tag 9	Rezept Nr:37	Rezept Nr:26	Rezept Nr:46	604
Tag 10	Rezept Nr:13	Rezept Nr:24	Rezept Nr:47	601
Tag 11	Rezept Nr:9	Rezept Nr:20	Rezept Nr:45	588
Tag 12	Rezept Nr:14	Rezept Nr:22	Rezept Nr:38	644
Tag 13	Rezept Nr.1	Rezept Nr:32	Rezept Nr:39	728
Tag 14	Rezept entfällt	Rezept Nr:27	Rezept Nr:43	599

Phase 2 Ernährungsplan- 14 Tage Abnehmprozess

Jetzt ist es soweit und die Stabilisierungsphase beginnt. Dabei sind vor allem bis zu 1500 Kalorien erlaubt, wenn Sie männlich sind. Als Frau sind lediglich 1200 Kalorien erlaubt.

Hinweis: da die Geschlechter unterschiedlich viele Kalorien aufnehmen können, sollten Sie eigenständig die Gerichte bei fehlenden Kalorien entweder durch eine größere Portion oder durch ein Dessert/ Snack ergänzen.

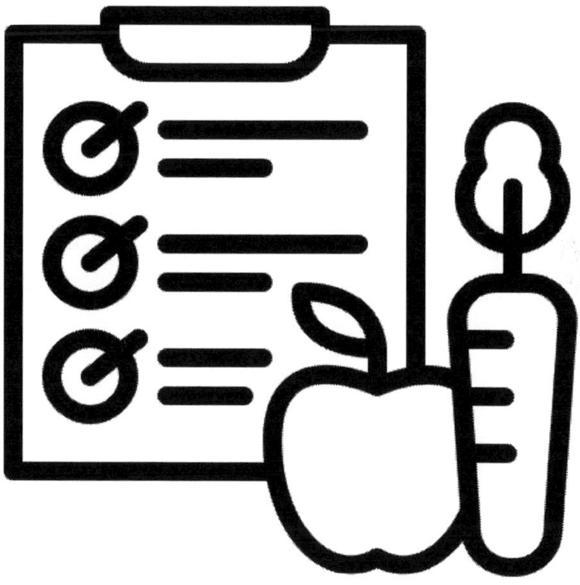

Phase 2	Frühstück	Mittagessen	Abendessen	Tages-Kalorien
Tag 1	Rezept Nr:1	Rezept Nr:77	Rezept Nr:93	779
Tag 2	Rezept Nr:60	Rezept Nr:86+108	Rezept Nr:94	994
Tag 3	Rezept Nr:63	Rezept Nr:80	Rezept Nr:97	1012
Tag 4	Rezept Nr:61	Rezept Nr:79	Rezept Nr:90	595
Tag 5	Rezept Nr:69+66	Rezept Nr:73	Rezept Nr:99	942
Tag 6	Rezept Nr.58	Rezept Nr:97	Rezept Nr:98	1179
Tag 7	Rezept Nr.59	Rezept Nr:72	Rezept Nr:92	1082

Phase 2	Frühstück	Mittagessen	Abendessen	Tages-Kalorien
Tag 8	Rezept Nr:57	Rezept Nr:90	Rezept Nr:80	827
Tag 9	Rezept Nr:63	Rezept Nr:92+108	Rezept Nr:84	740
Tag 10	Rezept Nr:61	Rezept Nr:99	Rezept Nr:91	632
Tag 11	Rezept Nr:62	Rezept Nr:97	Rezept Nr:94	811
Tag 12	Rezept Nr:60	Rezept Nr:91	Rezept Nr:101	811
Tag 13	Rezept Nr.59	Rezept Nr:72	Rezept Nr:95+109	1078
Tag 14	Rezept Nr.58	Rezept Nr:78	Rezept Nr:98	882

BONUS: REZEPTVORLAGEN ZUM AUSFÜLLEN

Sie finden hier einige Rezeptvorlagen, die Sie mit ihren Lieblingsrezepten oder auch Eigenkreationen ausfüllen können. Ihnen schmeckt ein Rezept besser mit einer anderen Zutat? Dann nichts wie los und tragen Sie es sofort in die dafür erstellte Rezeptvorlage ein, damit auch nichts vergessen wird oder Sie ihr Lieblingsrezept leicht wiederfinden.

Ihrer Kreativität sind keine Grenzen gesetzt.

Wir wünschen Ihnen viel Spaß beim Experimentieren und ein gutes Gelingen!

Rezept:

Zubereitungszeit: **Portionen:**

Nährwertangaben:

Zutaten:

Zubereitung:

Notizen:

Rezept:____________________________________

Zubereitungszeit:________________ **Portionen:**_______

Nährwertangaben:________________________________

Zutaten:

Zubereitung:

Notizen:

Rezept:

Zubereitungszeit: **Portionen:**

Nährwertangaben:

Zutaten:

Zubereitung:

Notizen:

Rezept:

Zubereitungszeit: **Portionen:**

Nährwertangaben:

Zutaten:

Zubereitung:

Notizen:

WEITERE BÜCHER DER AUTOREN

Ihnen gefallen unsere Bücher und Sie sind auf der Suche nach weiteren Rezeptbüchern und Ratgebern? Dann schauen Sie auf den folgenden Seiten, ob Sie noch etwas Interessantes für sich oder Ihre Liebsten finden. Jedes angeführte Buch enthält einen Link, den Sie beim E-Book ganz einfach anklicken können, oder beim Taschenbuch einfach in ihren Browser eingeben. So gelangen Sie direkt auf die Verkaufsseite des Buches. Natürlich können Sie auch nur den Titel des Buches eingeben.

Entdecken Sie mit uns weitere gesunde und köstliche Rezeptideen!

Das Sirtfood Diätwunder

Sirtfood Diät Kochbuch für Anfänger und Berufstätige, mit 150 leckeren Rezepten für ein gesundes Abnehmen. Inkl. 14 Tage Ernährungsplan, Ernährungsratgeber und Nährwertangaben

Lecker kochen trotz Histamin Intoleranz

Kochbuch mit 150 gesunden Rezepten mit Nährwertangaben für eine histaminarme und beschwerdenfreie Ernährung. Inkl. Einführung und 28 Tage Ernährungsplan

Notizen:

Notizen:

URHEBERRECHT

IMPRESSUM

Herausgeber:

Ewald Pircher

Gewerbezone Schweinsteg 07

39015 St.Leonhard i.P/ Südtirol/Italien

Covergestaltung: fiverr.com

Coverbilder: shutterstock.com, depositphotos.com

Piktogramme/Icons: flaticon.com

Printed in Germany
by Amazon Distribution
GmbH, Leipzig

23390825R00111